BITCOIN Y LAS CRIPTOMONEDAS

Todo lo Que tu Amigo Quiso Contarte
pero Nunca Escuchaste

Jun Han

DEDICATORIA

Para todos aquellos que no se conforman con lo existente
y siempre están abiertos a nuevas aventuras

CONTENTS

MERCADOS FINANCIEROS

PRÓLOGO

Siempre hay alguien más innovador que tú. Comencé a escuchar sobre criptomonedas a través de algunos amigos, pero pensaba que eso del Bitcoin era algo exclusivo para unos pocos nerds. Sin embargo, un tiempo después, me encontré a mí mismo siendo el que hablaba sobre Bitcoin a otros amigos. Y es probable que la persona que tenga este libro en las manos sea el próximo nerd para sus amigos.

Si bien es cierto que el asunto de Bitcoin es un tema que aparece cada vez más en las conversaciones de la gente, también es cierto que la mayoría no sabe qué es o para qué sirve.

La idea de este libro surgió para satisfacer este aspecto, con el propósito de traer un poco de claridad en este ámbito y ayudar a otros a entender los posibles beneficios de Bitcoin para la sociedad y para cada individuo.

Durante mis años como usuario novel de criptomonedas, tuve que aprender todo desde cero, lo cual supuso un gran esfuerzo, especialmente al no tener a ninguna persona cercana que pudiera ayudarme en mi camino. Ciertamente, existen muchos recursos que pueden ayudar en el proceso, pero ninguno supera a la experiencia personal que se recoge con el tiempo.

Mi visión sobre Bitcoin y las criptomonedas ha ido transformándose desde su inicio. La primera vez que escuché la palabra criptomonedas, me vino a la mente el concepto de divisas usadas en videojuegos y mundos virtuales por gamers y semejantes. Pero después de que mi amigo nerd me contara su experiencia comprando Bitcoin, mi visión comenzó a girar hacia las oportunidades de inversión. Es decir, dar un uso productivo a un dinero que tenía ahorrado y que estaba aparcado en una cuenta bancaria desde hacía años.

A lo largo de los siguientes meses, vería cómo mi inversión pasaba de estar en grandes ganancias a estar en pérdidas significativas y viceversa, una y otra vez. Pero como no tenía pensado vender nada hasta dentro de algunos años en el futuro, tal y como me había aconsejado mi amigo, no me preocupé demasiado.

Con el paso del tiempo, y según iba aprendiendo más, la idea de inversión se fragmentaría en otras ideas, surgiendo así la intención de hacer trading, una manera más activa de operar con las criptomonedas y poder producir dinero frecuentemente. Este camino probaría ser largo y difícil, pero muy lucrativo.

Después de satisfacer las ambiciones monetarias, y durante el transcurso del trayecto por este universo de criptomonedas, parece lógico que uno vaya explorando qué más hay alrededor. De esta manera fui descubriendo las posibilidades que Bitcoin y las criptomonedas pueden ofrecer en el mundo real, convirtiéndome, a cada paso, en un poco más entusiasta del universo cripto. Y como todo entusiasta en un tema, es comprensible que uno quiera compartir su interés con otros. Por ello, comparto mi viaje en este libro.

Este texto no tiene el objetivo de ofrecer consejo financiero ni ser una guía exhaustiva o académica sobre criptomonedas, sino ser un catalizador para que el lector se anime a dar sus primeros pasos y adentrarse en el universo de las criptomonedas.

CAPÍTULO 1 QUÉ ES BITCOIN

1.1 DINERO POR DECRETO

Antiguamente, cuando una persona prestaba un servicio o daba un bien material a otra, estaba ofreciendo un valor, y como contrapartida, la persona receptora podía devolver ese valor con otro bien u otro servicio. Antes de la aparición del dinero como lo conocemos hoy en día, estos intercambios se llevaban a cabo con otros medios.

A lo largo de la historia se han utilizado diversos instrumentos para representar ese valor y posibilitar intercambios, tales como cereales, ganado, sal, pieles de animales, conchas marinas y muchos otros. Sin embargo, el uso de estos medios podía ser poco práctico y presentar algunas limitaciones. Por ejemplo, el uso de mercancías como los cereales o ganado podía ser complicado debido a su gran peso y volumen, haciendo difícil el transporte y manejo de estos.

Además, muchos de estos medios eran productos perecederos, podían sufrir daños y no podían almacenarse por períodos muy largos de tiempo. Si queremos tener la posibilidad de acumular valor y poder usarlo en el futuro es necesario que el instrumento sea duradero y que no pierda sus propiedades con el paso del tiempo.

Otro aspecto a tener en cuenta es la divisibilidad del medio usado para habilitar la posibilidad de realizar pagos de bienes o servicios de diferente valor. Y por último, la mercancía que represente el dinero debe de ser un bien escaso o difícil de obtener, ya que si se usa un material que es muy abundante y muy accesible a todo el mundo el dinero no tendría ningún valor.

Por estos motivos, la forma de dinero más utilizada han sido los metales preciosos, como el oro y la plata. Estos son difíciles de encontrar o extraer, se pueden almacenar sin que pierdan sus propiedades ni su valor, y son relativamente fáciles de dividir, transportar y manipular.

En los inicios estos metales se intercambiarían midiendo su peso, pero esto iría evolucionando hacia el uso de monedas, que con el tiempo llevaría a la estandarización de su acuñamiento y certificación. De esta manera el valor de las monedas pasó a estar determinado por el sello y la autoridad con la que estaban marcadas, sin necesidad de pesarlas, por lo que bastaba con contar su número.

Imaginemos tener que ir al mercado y tener que llevar un saco con piezas de cobre para pagar. Cada pieza tendría que cortarse y pesarse en cada acto, además de tener que verificar la pureza del metal por si contuviera aleaciones o impurezas. Por ello, la estandarización del acuñamiento de las monedas y su certificación por el estado fue un gran paso para mejorar las condiciones del dinero.

A pesar de ello, las personas siempre han encontrado maneras de engañar y sacar provecho, sea cual sea la situación. Un ejemplo de picaresca derivada de este método consistía en extraer minúsculas cantidades del metal precioso del que estaban hechas las monedas, como recortar o limar los bordes, y pasar estas monedas más ligeras en cantidades de oro o plata por su valor nominal. Para evitar este proceso se introducirían los bordes dentados en las monedas, ya que el recorte de los bordes de las monedas quedaría expuesto y la gente no las aceptaría.

Con el paso del tiempo, el uso de monedas demostró ser poco práctico y comenzó a utilizarse el dinero en papel. De esta manera, el material que se usaba como dinero, es decir, los metales preciosos, dejó de transportarse de un lugar a otro y quedó almacenado en un sitio fijo, utilizando el papel como prueba de la contrapartida de ese dinero.

A diferencia del dinero mercancía como el oro, este papel no tiene ningún valor intrínseco, sino que representa una promesa del derecho a recibir oro, plata u otro material precioso.

Durante un tiempo, el oro fue el material más utilizado como respaldo del dinero en papel. Es decir, por cada billete en circulación, el gobierno tendría una cierta cantidad de oro en sus reservas, y cada ciudadano podía entregar sus billetes para recibir esa cantidad de oro. Esto se conoció como el patrón oro, o estándar oro.

El primer país en establecer el patrón oro fue Inglaterra, en 1819, definiendo que cualquier persona que tuviera una libra esterlina podía ir al Banco de Inglaterra para recibir una cantidad determinada de oro.

La mayoría de los países siguieron el ejemplo de Inglaterra, que era la potencia económica líder en ese momento. Sin embargo, la relevancia del patrón oro disminuyó con el inicio de la Primera Guerra Mundial. Los países participantes en el conflicto necesitaban muchos más recursos económicos de los que sus reservas de oro permitían, lo que llevó a muchos países a imprimir más dinero en papel no respaldado por reservas de oro, haciendo que el sistema perdiera significado y validez.

En 1944, se modificó el patrón oro con la firma de los Acuerdos de Bretton Woods, transformándolo en un patrón dólar-oro. Representantes de 44 países se reunieron en Bretton Woods en julio de 1944 con los objetivos principales de crear un sistema de cambio eficiente, prevenir las devaluaciones competitivas de las monedas y promover el crecimiento económico internacional. Estos acuerdos también dieron lugar a la creación del Banco Mundial y del Fondo Monetario Internacional, instituciones que han perdurado hasta la actualidad. Una vez implementadas las disposiciones de los acuerdos, se exigió que el dólar estadounidense estuviera vinculado al valor del oro y, a su vez, que todas las demás monedas del sistema estuvieran vinculadas al valor del dólar estadounidense.

Todo esto llegó a su fin en 1971, con Nixon como presidente, cuando Estados Unidos declaró el final del patrón oro a nivel mundial e instauró el sistema de dinero fiduciario o dinero fiat, un nuevo sistema de dinero basado en decreto y en la fe que tiene la gente en la promesa del emisor. A partir de entonces, el dinero dejó de estar respaldado por un bien tangible y pasó a estar respaldado por el estatus legal otorgado por una autoridad centralizada: los gobiernos.

Todo el dinero fiduciario está controlado y emitido por organizaciones, generalmente los bancos centrales de cada país y bancos centrales supranacionales como el Fondo Monetario Internacional, el Banco Central Europeo, el Banco Europeo de Inversiones y otras organizaciones internacionales similares, para gestionar y controlar el mismo. Este control permite aplicar políticas monetarias destinadas a lograr la estabilidad económica y el crecimiento económico. Así, al influir en las tasas de interés, gestionar la inflación y controlar la oferta monetaria, los gobiernos pueden intentar adaptarse a los desafíos económicos.

Sin embargo, un gran poder conlleva una gran responsabilidad, y una mala gestión puede acarrear grandes problemas. El paso de tener una moneda respaldada por un bien tangible como el oro, a un sistema donde no existen reservas abre la puerta a la posibilidad de imprimir dinero de manera ilimitada, a lo cual los gobiernos recurren frecuentemente en crisis económicas. El problema es que a medida que aumenta la cantidad de dinero en circulación, el valor de cada moneda existente disminuye, lo que lleva a la inflación y, potencialmente, a una hiperinflación incontrolable, como se ha visto en numerosas ocasiones a lo largo de la historia.

Además de la emisión ilimitada de dinero, otro gran problema del sistema fiduciario es el poder que tienen las organizaciones centrales.

1.2 CENTRALIZACIÓN DEL PODER

Centralización y descentralización son dos términos que hacen referencia a dos modelos de administración y control de la autoridad.

En un modelo centralizado, la toma de decisiones y el poder estánconcentrados en una persona o unos pocos individuos, mientras que en un sistema descentralizado, el poder está distribuido en un mayor número de personas.

La manera en que se distribuye el poder ha sido, y continúa siendo en el presente, objeto de una lucha primordial. Si echamos un vistazo a la historia de las civilizaciones, podemos apreciar que mayoritariamente han dominado sistemas donde el poder estaba condensado en una persona y unos pocos individuos en su cercanía, muy frecuentemente entrelazados con sistemas religiosos y morales, que contribuyen a mantener al resto de individuos subyugados al grupo dominante.

Aunque podría decirse que estos sistemas centralizados ofrecen algunas ventajas, son mayormente destacables los inconvenientes a tener en cuenta.

Uno de ellos es que estos regímenes son más propensos a la corrupción, puesto que es difícil controlar los actos de la persona que tiene el poder.

Además, los intereses de la persona enel poder pueden diferir del interés del resto de la población, lo que puede hacer que las decisiones no siempre sean a favor del bienestar común.

Estos aspectos pueden además ocultarse fácilmente, ya que el grupo enel poder puede tomar acciones por su propia cuenta y controlar la información que comparte con el resto de la población, dando lugar a una falta de transparencia.

Por suerte, la historia también nos cuenta que en algún momento aparecerían sistemas políticos diferentes, donde la toma de decisiones y el poder se distribuyen entre más personas. La democracia que conocemos en la actualidad está formada como respuesta a la monarquía absoluta y la aristocracia que dominaban Europa en el siglo XVII. En 1789, la revolución francesa daría lugar a la primera república francesa y a la abolición del antiguo régimen, que había mantenido el poder político centralizado en la monarquía y los nobles.

El sistema democrático ha sido un vehículo para la descentralización del poder político, permitiendo ampliar el número de personas que pueden participar en la toma de decisiones.

Cuando el poder está más distribuido, es difícil para cualquier individuo o grupo monopolizar el acceso a los recursos públicos, y los ciudadanos pueden estar mejor informados y tener más capacidad para vigilar el uso de estos recursos.

En una democracia representativa, los ciudadanos pueden elegir a sus representantes, quienes son responsables de rendir cuentas ante ellos. Esto aumenta la transparencia y la responsabilidad de los gobernantes, dificultando la concentración del poder.

Además, la democracia favorece la competencia política,

permitiendo que diferentes partidos y grupos políticos compitan por el poder. Esto contribuye a garantizar que ningún grupo tenga control exclusivo del poder. La competencia política también hace que los líderes sean más propensos a descentralizar el poder para formar acuerdos y coaliciones con otros grupos.

Por otra parte, la democracia fomenta la participación ciudadana en la gestión de asuntos públicos. Los ciudadanos tienen la posibilidad de organizarse en grupos comunitarios para apoyar sus intereses y tener más influencia en la toma de decisiones. Esto implica que los ciudadanos tienen más capacidad para influir en las políticas públicas y en el proceso de descentralización.

Todos estos aspectos sobre la descentralización del poder son aplicables al sistema financiero actual, donde el público no tiene participación alguna, no existe transparencia y el poder de decisión está totalmente centralizado.

Un ejemplo real de los problemas que puede producir el sistema monetario actual lo encontramos en Argentina, que en la actualidad todavía sufre las consecuencias de la emisión ilimitada de dinero y la centralización del poder.

Antes de la gran crisis de 1930, Argentina se encontraba entre las 10 naciones más ricas del mundo. Hacia el fin de la Segunda Guerra Mundial, el peso argentino era una de las monedas más estables, junto con la libra esterlina y el dólar estadounidense.

Juan Perón fue presidente en Argentina durante los años 1946 y 1955, y de nuevo en 1973 y 1974. Una de las características de su mandato fue el derroche de dinero, que llevaría a crear unas deudas importantes y una impresión continuada de dinero, generando una inflación que eventualmente empujaría a Argentina a su primera aparición de hiperinflación, en 1989.

Siguiendo su visión política, el gobierno de Perón se involucró en un programa masivo de gastos destinado a nacionalizar industrias y servicios públicos, extender los beneficios de salud y bienestar, y reforzar la defensa nacional. Sin embargo, estos planes no incluirían una manera efectiva de financiar tales gastos, lo que inevitablemente llevaría al endeudamiento.

En 1949 se llegó incluso a reformar la constitución con el objetivo de dar más poder al estado, para que éste tuviera el control directo del comercio exterior, la propiedad de todos los minerales y recursos energéticos y la propiedad de las empresas de servicios públicos.

A pesar de ello, la mala gestión del gobierno continuaría alimentando la deuda del país. Las pérdidas en las empresas estatales, junto con los enormes gastos del gobierno en obras públicas, programas de bienestar, armamento, construcción de bases militares y fábricas de armas, salarios de funcionarios públicos y compras de empresas extranjeras de servicios públicos dieron lugar a mayores déficits. Déficits que fueron financiados por el banco central de Argentina a través de la emisión de dinero.

Como consecuencia, la inflación continuó creciendo a ritmos alarmantes. En 1946, la tasa de inflación anual era del 18,74% y a finales de 1951, la variación del índice de precios al consumidor alcanzó el 50,21%. La tasa de inflación acumulada en solo seis años fue del 297,57%.

Para hacer la situación aún peor, Perón utilizaría su poder para eliminar ciertas restricciones, como la ley que en ese momento prohibía que el banco central adelantara fondos al gobierno que superaran el 10% de su recaudación tributaria promedio durante los últimos tres años. Precisamente, esta ley tenía el fin de evitar la financiación de los déficits públicos.

Desde el primer año de su gobierno, Perón nacionalizó el banco central, asegurándose el control de este organismo y la posibilidad de imprimir dinero sin límites para cubrir una deuda igualmente ilimitada.

En este punto, merece la pena preguntarse por qué los déficits públicos financiados por un aumento de oferta monetaria causan inflación y por qué esto representa un fraude institucionalizado.

Los gobiernos pueden recibir dinero a través de impuestos, la venta de bienes y servicios o préstamos de partes ajenas al gobierno. En cada una de estas situaciones, el dinero se transfiere de partes que ya lo han ganado y, por lo tanto, representa bienes y servicios que ya existen en la economía o que pueden ser producidos en muy poco tiempo por la capacidad de producción existente en la economía. Si un gobierno decide gastar más dinero del que ingresa, necesita obtener dinero adicional. Cuando este déficit se cubre con la emisión de dinero, el gobierno utiliza este dinero adicional que ha creado para comprar bienes y servicios adicionales del sector privado de la economía. Dado que los productores de la economía no tienen la capacidad para producir esta cantidad adicional a corto plazo (suponiendo que operan a plena capacidad), la demanda adicional del gobierno compite con la demanda de los consumidores privados y los precios comienzan a subir. Por lo tanto, los consumidores privados pueden comprar menos cantidades de bienes y servicios. Lógicamente, la cantidad que se deja de comprar es la que se transfiere al gobierno. En consecuencia, se puede deducir que el dinero adicional creado por el gobierno se utiliza para apropiarse de bienes y servicios de la población.

El caso de Argentina no es el único en el que la impresión

ilimitada de dinero y una mala gestión del poder central han llevado a situaciones catastróficas de inflación.

Durante la Guerra Civil de Estados Unidos , la Confederación de los estados del sur utilizó la impresión de dinero para pagar gastos, lo que, junto con la caída de la producción económica, provocó una inflación del 700% en los dos primeros años de la guerra y alcanzó un pico de más del 5000% al finalizar la guerra.

Después de la Primera Guerra Mundial, Alemania tuvo que hacer frente a altos pagos de reparaciones, por lo que el gobierno comenzó a imprimir más dinero, lo que llevó a una explosión en la tasa de inflación.

Zimbabue también cayó en la trampa de imprimir dinero para evitar una crisis a corto plazo, llegando a una hiperinflación estimada en 79.600.000.000% en noviembre de 2008.

En Venezuela, tras la situación de crisis que siguió al presidente Hugo Chávez, la solución del nuevo presidente, Nicolás Maduro, quien asumió el cargo en 2013, fue imprimir más dinero. A medida que los precios subían, el gobierno imprimía más dinero para pagar sus facturas , quedando atrapado en este ciclo de hiperinflación.

Sin embargo, no es necesario llegar a semejantes extremos para observar un significativo deterioro en el bienestar social. Al analizar la situación de la mayor economía mundial, actualmente ostentada por los Estados Unidos de América, podemos notar que, aunque no tan extrema como la de Argentina u otros casos mencionados, aún así genera consecuencias indeseables significativas para la población.

En años recientes, Estados Unidos ha mostrado tres características fundamentales observadas en los casos anteriores: una creciente presión por el aumento de gastos o la deuda, la consiguiente impresión de dinero y el aumento de la inflación.

Un artículo de Techstartups, empresa dedicada a la tecnología y empresas emergentes, publicado en mayo de 2021 bajo el título "El 40% de los dólares estadounidenses existentes se imprimieron en los últimos 12 meses: ¿Está Estados Unidos repitiendo el mismo error de la Alemania de Weimar de 1921?", detalla los esfuerzos del gobierno estadounidense para revitalizar la economía mediante la distribución de cheques de estímulo a millones de ciudadanos.

La pregunta fundamental es de dónde proviene este dinero para financiar los cheques de estímulo. Para llevar a cabo estas medidas, el gobierno se ha endeudado emitiendo bonos del tesoro y otros valores, y posteriormente la Reserva Federal intervino con operaciones de impresión de dinero. Aunque la impresión de dinero no es nueva (la Reserva Federal ha impreso dinero para pagar aproximadamente 29 billones de dólares en deuda estadounidense), la escala de la impresión reciente no tiene precedentes.

Esta expansión cuantitativa, conocida formalmente como quantitative easing, no ha estado exenta de consecuencias. La inflación en Estados Unidos alcanzó su nivel más alto en 40 años, llegando al 7,5% en 2021, impulsada por la continua inyección de fondos de la Reserva Federal en la economía.

Un año después de la publicación del artículo de Techstartups, se hizo un seguimiento con un segundo artículo que actualizaba los datos de la Reserva Federal.

La cantidad de dólares estadounidenses impresos desde 2020 ya no era el 40%, sino casi el 80%. A principios de 2020, la cantidad de moneda en circulación era de 4,0192 billones de dólares; para enero de 2021, había aumentado a 6,7 billones de dólares, y tras una oleada nunca vista anteriormente, en octubre de 2021, se había disparado a 20,0831 billones de dólares.

La magnitud de estas cifras se puede observar visualmente en la imagen 1, que muestra la gráfica publicada por FRED (Datos económicos de la Reserva Federal), donde se ilustra la suma total de la moneda en circulación y su aumento a partir del año 2020.

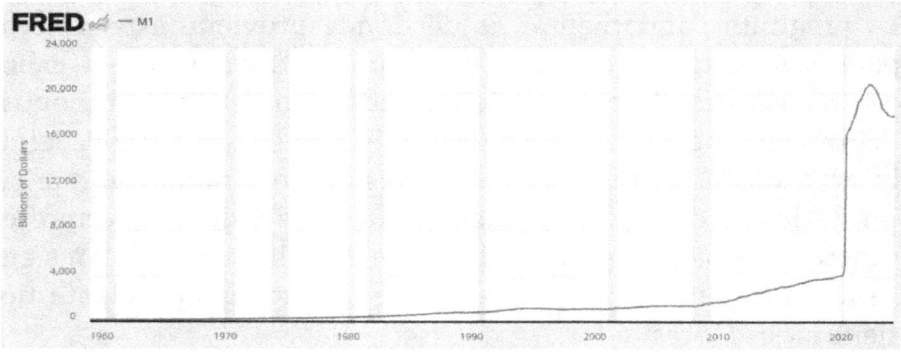

Imagen 1. M1. Fuente: FRED Economic Data

Naturalmente, no todos los problemas económicos y sociales son consecuencia de un sistema monetario inadecuado, pero es importante mantener una actitud crítica para intentar mejorar lo presente y evolucionar hacia sistemas más beneficiosos y equitativos. Al igual que en el pasado muchas sociedades evolucionaron de un sistema de poder controlado por emperadores, reyes y dictadores hacia sistemas democráticos, es posible que en la actualidad estemos viviendo el inicio de una transición desde un sistema monetario centralizado e inflacionario hacia uno descentralizado, más transparente y democrático.

Este nuevo sistema de dinero se llama bitcoin.

1.3 DINERO DIGITAL Y LA LLEGADA DE BITCOIN

El dinero digital o dinero electrónico es una forma de moneda que solo está disponible en forma digital o electrónica y solo se puede acceder a él con ordenadores o teléfonos móviles.

Podemos hablar de tres tipos de monedas digitales:

1. Dinero virtual: Son monedas digitales no reguladas y controladas por los desarrolladores o la organización fundadora. Se aceptan y utilizan dentro de una comunidad virtual específica. Un ejemplo serían los tokens utilizados en juegos en red, que tienen una economía definida y controlada por los desarrolladores del juego.

2. Monedas digitales de los bancos centrales (CBDC): Son monedas digitales reguladas y emitidas por el banco central de un país. Estas monedas no son simplemente la forma electrónica del dinero oficial, sino que pueden complementar o incluso sustituir la moneda fiduciaria tradicional. La CBDC creada por China, conocida como RMB, fue la primera lanzada por una de las principales economías mundiales. Aunque todavía está en una fase inicial, muchos países están desarrollando sus propias monedas

digitales.

3. Criptomonedas: Son un tipo de moneda digital que utiliza la criptografía para asegurar y verificar las transacciones en una red. Ejemplos destacados incluyen Bitcoin y Ethereum.

Con la aparición del dinero digital, surgió el problema del doble gasto, en el que una moneda o token digital puede gastarse más de una vez. Este problema es fácilmente resuelto en un sistema centralizado, en el cual hay un libro de cuentas o registro central donde se refleja cada transacción, evitando que un mismo dinero pueda ser gastado más de una vez. Sin embargo, este problema ha sido más difícil de resolver en un sistema descentralizado.

En octubre de 2008, se publicó un documento en línea por alguien que se hacía llamar Satoshi Nakamoto, en el que se proponía un sistema monetario digital descentralizado llamado Bitcoin, que ofrecía una solución al doble gasto sin necesidad de una autoridad central. En este libro blanco, Satoshi Nakamoto explica la teoría y la estructura operativa del sistema de pago de Bitcoin, un sistema de pago electrónico de igual a igual, criptográficamente seguro, diseñado para ser transparente y resistente a la censura, devolviendo el control financiero a las manos del individuo. Desde entonces, Bitcoin ha crecido de manera astronómica, siendo la mayor criptomoneda del mercado. No obstante, nadie sabe quién está detrás del nombre de Satoshi Nakamoto.

Bitcoin resuelve el problema del doble gasto en un sistema descentralizado a través de la tecnología blockchain. Blockchain es un tipo de tecnología de contabilidad distribuida (DLT, Distributed Ledger Technology) que consiste en la infraestructura tecnológica y los protocolos que permiten el acceso, la validación y la actualización simultánea de registros a través de una base de datos en red. Esto permite tener una base de datos sin necesidad de un registro centralizado.

En la actualidad, cuando una persona realiza un pago a otra, tiene que haber un registro de que esa transacción se ha efectuado. El saldo resultante después de la operación deberá quedar actualizado en ambas cuentas. La transacción tiene que estar controlada y validada por un sistema para que ese mismo dinero no se pueda usar para hacer más pagos que resulten en la situación del doble gasto. Como hemos visto, la persona que realiza el pago no podría usar el mismo dinero para hacer otro pago porque esa operación ya quedó reflejada en un registro central y sería rechazada. Pero con el sistema blockchain, esa transacción es aprobada y registrada no por un registro central, sino por todos los ordenadores que componen la red blockchain.

En términos muy simples, el blockchain es una base de datos repartida entre miles de ordenadores distribuidos por el planeta.

Esto hace que el sistema sea muy seguro porque si alguien quisiera modificar los registros de manera ilícita, tendría que hackear todos los ordenadores que componen la red de manera simultánea, lo cual lo hace prácticamente imposible.

El blockchain consta de programas llamados scripts que introducen, leen y guardan información. La información se va almacenando en bloques. Una vez que un bloque está completo, la información es encriptada y se genera un código llamado hash, el cual se inserta en el bloque siguiente, quedando de esta manera encadenados. Es por este motivo que se llama blockchain, o cadena de bloques.

La completación de cada bloque está determinada por un trabajo computacional llevado a cabo por aquellos que se conocen como mineros de Bitcoin. Estos mineros usan ordenadores para validar los procesos del blockchain y a cambio reciben una cantidad de Bitcoin como recompensa por su trabajo de legitimar y monitorear las transacciones de Bitcoin y asegurar su validez.

Esta recompensa que reciben los mineros añade nuevos Bitcoin a la circulación existente. La cantidad de Bitcoin que se acuñaba inicialmente era de 50 Bitcoin por cada bloque creado. Esta cantidad está diseñada para que se reduzca a la mitad cada 210,000 bloques, lo que suele ocurrir cada 4 años aproximadamente. Este proceso se conoce como halving. Con el halving que se produjo en 2024, esta cantidad es de 3.125 Bitcoin por bloque. Se estima que a este ritmo el último Bitcoin será acuñado en 2140.

A diferencia del dinero fiduciario, con el que se puede crear una cantidad de dinero ilimitada, Bitcoin no permite la posibilidad de imprimir dinero y por tanto contribuir al aumento de la inflación y la pérdida de su poder adquisitivo. La cantidad total de Bitcoin que pueden existir tiene un límite de 21 millones. Después de que se alcance esta cifra, no se emitirán nuevos Bitcoin.

El creador de Bitcoin diseñó la criptomoneda con este tope para limitar la oferta, aumentando su escasez con el tiempo, lo que tiende a incrementar la demanda y el precio.

Con las formidables crecidas de precio de Bitcoin en los últimos años, el uso de satoshis se ha hecho indispensable a la hora de hacer pequeñas operaciones. Según nuestra necesidad de ahorrar en el uso de ceros, uno tiene varias posibilidades para expresar cantidades de Bitcoin.

Un satoshi es una fracción de Bitcoin, exactamente 0.00000001

BTC (BTC = Bitcoin). Esto quiere decir que un Bitcoin está compuesto de 100 millones de satoshis. También se puede hablar de milibitcoin, lo que equivale a 0.001 BTC, o microbitcoin, el equivalente a 0.000001 BTC, o una millonésima parte de Bitcoin. Del mismo modo se podría hablar de milisatoshis en caso necesario.

A diferencia de los libros mayores de los bancos, los registros de operaciones de Bitcoin son públicos y completamente transparentes, puesto que cualquier persona puede ver las cuentas existentes y los movimientos de una cuenta a otra en todo el mundo. Lo que no es posible saber es el nombre de la persona a la que pertenece cada cuenta, lo que significa que Bitcoin es un sistema pseudoanónimo.

El primer bloque que se minó en el blockchain de Bitcoin fue en enero de 2009 por Satoshi Nakamoto. Este bloque, llamado génesis, marcó el nacimiento de Bitcoin.

La primera transacción fue realizada cuando Satoshi Nakamoto envió 10 Bitcoin a Hal Finney, un renombrado informático y uno de los primeros en adoptar la criptomoneda. Estos hechos marcan un momento importante en la historia, puesto que significan el nacimiento de un sistema de libertad financiera y transparencia, desafiando el sistema financiero tradicional y abriendo las puertas a una forma de dinero digital independiente de toda autoridad central.

Bitcoin ofrece un sistema monetario donde cada individuo es propietario de su propio dinero. No hay ningún gobierno o autoridad que pueda tomar control. No hay necesidad de intermediarios ni de instituciones financieras.

El 18 de mayo de 2010 se realizó la primera transacción de Bitcoin en el mundo real, en la que un individuo llamado Laszlo

Hanyecz publicó en el foro Bitcointalk (foro establecido por la comunidad de entusiastas de Bitcoin en sus inicios) que pagaría 10,000 Bitcoin a quien le llevase a casa 2 pizzas. El pedido se completaría 4 días más tarde cuando un estudiante realizó el pedido en la cadena comercial Papa John's y le trajo las pizzas. Laszlo Hanyecz respondió en el foro: "¡Esa pizza se ve deliciosa! Niño adorable. (Emoji cursi)". En el mismo hilo diría: "¡A mi hija de 1 año también le gusta mucho la pizza! Simplemente se lo unta por toda la cara si le das una rebanada entera, pero finalmente se las arregla para meterse la mayor parte en la boca".

A día de hoy, con el precio de Bitcoin rondando los 70,000 dólares, el precio pagado por aquellas dos pizzas equivaldría a 700 millones de dólares.

En la actualidad, la comunidad de Bitcoin en todo el mundo celebra el 22 de mayo como el primer día en que Bitcoin se utilizó para comprar un bien físico. Se compran 2 pizzas y se comparten, y si pagas en Bitcoin puedes tener un descuento.

1.4 APARICIÓN DE LAS ALTCOINS

A pesar de las grandes innovaciones y ventajas que ofrece Bitcoin, existen limitaciones que le impiden ser utilizado como la criptomoneda única y universal en el espacio de los activos digitales.

Los casos de uso de Bitcoin son limitados. Aparte de servir para enviar y recibir pagos criptográficos y ser usado como activo de protección contra los riesgos generales del mercado, Bitcoin no suele usarse con fines comerciales. El algoritmo utilizado para llegar a un consenso en la red blockchain de Bitcoin consume mucha energía, ya que necesita que los mineros mantengan en constante funcionamiento sus ordenadores para asegurar la cadena de bloques. Además, Bitcoin tiene una velocidad para procesar pagos muy reducida en comparación con las redes de pago tradicionales como Visa o Mastercard, lo que puede resultar en tarifas de transacción excesivamente altas y largos tiempos de procesamiento.

Como consecuencia de las limitaciones de Bitcoin, pronto aparecerían otras criptomonedas con el objetivo de mejorar lo existente y encontrar más casos de uso en el universo cripto. Estas nuevas criptomonedas, diferentes a Bitcoin, se conocen como altcoins.

En el año 2011 aparecería la primera altcoin, llamada Namecoin (NMC), que buscaba descentralizar el sistema de nombres de dominio. En el mismo año se lanzó Litecoin (LTC), una criptomoneda de características similares a Bitcoin pero con un tiempo de procesamiento de transacciones más rápido, orientada a ser un medio para las transacciones diarias. En 2013 se unió a la lista de criptomonedas Ripple (XRP), fomentando una forma más fácil, rápida y segura de realizar transacciones a nivel mundial.

La lista de altcoins continuaría creciendo hasta llegar a miles de ellas. Una de las altcoins más destacables es Ethereum, que es la segunda mayor criptomoneda después de Bitcoin.

Con la aparición de Bitcoin llega también la tecnología blockchain. La cadena de bloques de Bitcoin fue creada para el funcionamiento exclusivo de Bitcoin, diseñada para ser usada como un sistema de pagos digitales. En cambio, Ethereum fue concebido con la idea de expandir el potencial de la tecnología blockchain más allá de un sistema de pagos, lo que abriría un universo de posibilidades.

Ethereum utiliza un lenguaje y una red blockchain diferentes a Bitcoin, que los desarrolladores pueden utilizar para crear una gran variedad de herramientas como software de gestión logística, juegos o aplicaciones de finanzas descentralizadas, como préstamos, comercio y otros.

Los usuarios pueden crear aplicaciones que se "ejecutan" en la cadena de bloques de Ethereum, de manera similar a como un programa de software se "ejecuta" en un ordenador. Se podría entender Ethereum como una herramienta de bricolaje del estilo "hágalo usted mismo" para programas descentralizados, conocidas como aplicaciones descentralizadas (Dapps).

Aunque el desarrollo de Dapps ya existía, las plataformas no eran interoperables. Vitalik Buterin, fundador de Ethereum, tenía la intención de unificarlas con su plataforma. Se podría pensar en Ethereum como algo similar a la App Store de Apple, un espacio para decenas de miles de aplicaciones diferentes donde todas cumplen un mismo conjunto de reglas. Solo que en Ethereum ese conjunto de reglas está codificado en la red y se aplica de forma autónoma, y los desarrolladores pueden hacer cumplir sus propias reglas dentro de las Dapps. No existe un poder central, como cuando Apple cambia y hace cumplir las regulaciones. En cambio, el poder está en manos de las personas que actúan como comunidad.

Una de las aplicaciones más prometedoras de Ethereum son las aplicaciones financieras descentralizadas, abreviadas como DeFi, que incluyen préstamos a través de contratos inteligentes, acuñación de stablecoins y exchanges descentralizados.

La tokenización de activos del mundo real es otra de las aplicaciones relacionadas. Los tokens de seguridad son representaciones basadas en blockchain de activos del mundo real como acciones, metales preciosos, bienes raíces y más. Al tokenizar estos activos en una cadena de bloques, los emisores pueden transferirlos y realizar transacciones mucho más fácilmente que si solo tuvieran una representación contractual en papel.

Empresas como Dropbox o Microsoft almacenan grandes cantidades de datos en lo que se conocen como granjas de servidores. Estas granjas son edificios donde hay cientos de servidores que se utilizan para almacenar información. Tener tanta información concentrada en una sola ubicación presenta un problema en caso de destrucción por fenómenos naturales, guerras o ataques terroristas. El uso del blockchain para asegurar información en una red planetaria supone otra de las aplicaciones más obvias de la tecnología.

Ethereum también comienza a abrir nuevas posibilidades en el campo de la identidad digital. El uso de su red permite la verificación de datos de forma abierta y transparente, lo que significa que también podría utilizarse para nuevos sistemas de identificación digital. Proyectos como Civic, construido en el blockchain de Ethereum, ofrecen innovaciones en este sector para agilizar la verificación de identidad para cualquier servicio relevante.

Ethereum puede tener aplicaciones importantes en el ámbito sanitario, ya sea por el acceso inmediato a la información de pacientes almacenada en la red por hospitales de todo el mundo, o por el estudio e interpretación de datos con propósitos de investigación.

El blockchain también puede mejorar la privacidad. Por ejemplo, empresas como Google recopilan la información personal de los usuarios y la venden a los anunciantes, obteniendo miles de millones en ganancias cada año en el proceso. La tecnología blockchain de Ethereum traería transparencia a estas transacciones, ya que se registraría cada vez que el motor de búsqueda use los datos, haciendo que esos registros estén disponibles públicamente. Como consecuencia, estas grandes corporaciones no podrían ocultar lo que hacen con nuestros datos.

Esta disponibilidad de datos al público puede extenderse a muchos otros ámbitos, como el político, donde encuestas, sistemas de votos, informes gubernamentales y gastos públicos disfrutarían de una mayor transparencia, aunque no siempre sea deseado por todos.

Teniendo en cuenta las interminables posibilidades de uso de la plataforma y el inmenso crecimiento en popularidad y uso de la red, Ethereum tuvo que actualizarse para satisfacer las necesidades de velocidad, eficiencia y seguridad. Uno de los cambios más importantes realizados en esta actualización fue el cambio de sistema de verificación. Como hemos visto, el mecanismo de consenso iniciado por Bitcoin consiste en el trabajo computacional realizado por los mineros de Bitcoin, que usan ordenadores para validar los procesos del blockchain y reciben bitcoin como recompensa. Este sistema se conoce como Proof of Work, un proceso que requiere una gran cantidad de potencia de procesamiento y es relativamente lento. Por ello, con la creciente demanda de Ethereum, era normal que se produjeran congestiones de red, incrementos en las tarifas y un mayor consumo de energía.

El nuevo mecanismo de consenso que Ethereum utiliza se conoce como Proof of Stake, que es más rápido, consume menos recursos y es teóricamente más seguro. Es similar al Proof of Work en el sentido de que se elige a un participante de la red para verificar las últimas transacciones, actualizar la cadena de bloques y ser recompensado con monedas. Sin embargo, en lugar de requerir una red de mineros que compiten para resolver un rompecabezas, Proof of Stake requiere una red de participantes, llamados validadores, que contribuyen con la moneda ETH en un proceso llamado staking, donde se compromete una cantidad de moneda y se recibe una recompensa en intereses.

Ethereum tiene un largo camino por delante si quiere lograr su ambición de convertirse en la "computadora descentralizada" del mundo. A pesar de las mejoras en Ethereum, han surgido nuevas propuestas competidoras.

Proyectos como Solana, cuya criptomoneda es SOL, son grandes rivales de Ethereum. Solana realiza transacciones ultra rápidas con comisiones que son una fracción de las de Ethereum. Desde su lanzamiento en 2020, ha experimentado una fuerte adopción, e incluso grandes instituciones como JPMorgan y Bank of America han expresado su confianza en Solana, llegando a decir que podría convertirse en la "Visa del ecosistema de activos digitales".

DOT es la criptomoneda nativa de la plataforma Polkadot. Polkadot es conocido por su característica de "interoperabilidad". Su infraestructura conecta varias cadenas de bloques en una sola red, lo que permite el intercambio de datos sin comprometer la seguridad. Por lo tanto, la interoperabilidad es esencial para el futuro de la Web3, donde servicios, productos y monedas se moverán a través de un ecosistema digital descentralizado. La interoperabilidad sólida también crea la posibilidad de colaboración entre cadenas, lo que podría llevar a una mayor colaboración entre protocolos.

No todos los proyectos son competidores de Ethereum ni buscan crear o mejorar el blockchain. La mayoría de los nuevos emprendedores entran en juego para expandir el universo de posibilidades que ofrece el mundo cripto. Es por ello que cada día surgen nuevos proyectos y nuevas altcoins con ideas diversas e innovadoras.

CAPÍTULO 2 DÓNDE PUEDO COMPRAR BITCOIN

2.1 LOS MERCADOS FINANCIEROS

Cuando queremos comprar algo, el primer lugar donde uno puede pensar en acudir es un mercado. El tipo de mercado que buscaremos dependerá del producto que deseamos adquirir. Si por ejemplo el producto a comprar es ropa, lógicamente acudiremos a un mercado de ropa. De la misma manera si lo que queremos comprar es un instrumento financiero el lugar que buscaremos es un mercado financiero.

Como existen diferentes tipos de productos financieros, también encontramos diversos tipos de mercados financieros. Algunos ejemplos incluyen:

- Forex: Este mercado se utiliza para adquirir monedas de diferentes países, como dólares, yenes o euros. La palabra "Forex" proviene de "Foreign Exchange", que se traduce como intercambio extranjero. Es uno de los mercados más grandes en términos de volumen y liquidez.

- Mercado de valores: Es el conjunto de mercados donde se llevan a cabo actividades regulares de compra, venta y emisión de acciones de empresas públicas. Estas actividades financieras se realizan a través de mercados formales institucionalizados, como la Bolsa de Valores de Nueva York, así como mercados extrabursátiles (OTC) que operan bajo un conjunto definido de regulaciones.

- Mercado de derivados: En estos mercados se negocian contratos financieros basados en diversos activos subyacentes, como acciones, bonos, materias primas, divisas, tipos de interés e índices de mercado. Estos contratos se utilizan para cubrir riesgos y fluctuaciones del mercado, para especulación o para amplificar la exposición a los activos.

- Mercado de materias primas: Incluye productos en su estado natural o mínimamente procesados, como el petróleo crudo, el oro, el trigo o el café. Dependiendo de la naturaleza de cada producto, se pueden crear subcategorías como mercado de minerales, agrícola, energético, etc.

- Mercados hipotecarios: Aquí es donde se origina y se negocia el financiamiento para la compra de viviendas. El mercado hipotecario primario involucra al prestatario (quien busca el crédito, por ejemplo, para comprar una casa) y al prestamista (como un banco comercial). Luego, en el mercado hipotecario secundario, los préstamos originados en el mercado primario se venden a inversores o agregadores de hipotecas.

- Mercado de criptomonedas: Es el mercado financiero donde miles de tokens de criptomonedas están disponibles y se comercializan a nivel mundial a través de exchanges de criptomonedas independientes. Estos exchanges almacenan billeteras digitales para que los comerciantes puedan intercambiar una criptomoneda por otra o por dinero fiduciario.

Todos estos mercados tienen su peso en la economía y lo que

ocurre en ellos puede ocasionar consecuencias significativas, ya sea a nivel nacional o internacional.

Un caso ilustrativo de esto lo encontramos en el papel que jugaron los mercados de hipotecas en la crisis financiera que se inició en Estados Unidos en 2007 y que llevó a la gran recesión global posterior.

Esto se debió a que un gran número de originadores de hipotecas fueron demasiado flexibles con sus estándares, permitiendo a un gran número de prestatarios obtener créditos arriesgados que realmente no podían pagar a largo plazo. Este riesgo se trasladó a otras personas vendiendo las hipotecas en el mercado hipotecario secundario. Cuando el mercado inmobiliario se vino abajo, la gente comenzó a incumplir con sus préstamos, lo que significó que los propietarios comenzaron a perder sus casas y los inversores empezaron a perder dinero en sus inversiones. Esta situación sería un factor importante en el desarrollo de una de las mayores crisis financieras de la historia reciente.

Un caso anecdótico clásico en el mundo de la economía es el de los tulipanes en Holanda, que muestra una de las trampas a las que puede llevar la codicia excesiva y la especulación en la inversión. Según historiadores, durante principios y mediados del siglo XVII, después de que los tulipanes aparecieran por primera vez en Europa en el siglo XVI a través de las rutas comerciales de especias, se convirtieron en un artículo de lujo destinado a los jardines de los ricos. Hacia 1634, el deseo por estas flores se extendió por toda Holanda. La fiebre por adquirir estas flores se hizo tan grande que un solo bulbo de las variedades más raras podía alcanzar un equivalente a más de 1 millón de dólares en la actualidad.

En 1636, la demanda del comercio de tulipanes era tan alta

que se establecieron mercados regulares para su venta en la Bolsa de Valores de Ámsterdam, en Rotterdam, Haarlem y otras ciudades. Sin embargo, esta euforia no podría mantenerse indefinidamente y llegaría a su fin, haciendo que los precios cayeran rápidamente. Una vez que los precios comenzaron a bajar, los tenedores se vieron obligados a vender sus bulbos a cualquier precio y a declararse en bancarrota en el proceso.

Aunque el caso de los tulipanes no tuvo consecuencias significativas para la economía del país, sí que muestra un ejemplo perfecto para entender los activos especulativos, el ciclo de las burbujas financieras, los sesgos irracionales y la mentalidad de grupo que puede provocar movimientos de precios insostenibles hasta su eventual colapso.

Este mismo ciclo de especulación lo veríamos repetido durante la burbuja puntocom a finales de los 90 hasta el 2000, donde se produjo un crecimiento extremo en los valores económicos de empresas vinculadas a Internet, seguido de una caída estrepitosa.

Debido al enorme crecimiento del precio y popularidad de Bitcoin y las criptomonedas, hay quienes comparan Bitcoin con la burbuja puntocom, señalando algunas similitudes con la burbuja de valores relacionados con Internet.

Es oportuno mencionar que durante la burbuja puntocom, los valores de las empresas crecieron irracionalmente y estaban extremadamente sobrevalorados. Tras el estallido de la burbuja, varias miles de empresas desaparecieron, permitiendo que empresas como Amazon, Ebay, Nvidia y Google siguieran adelante.

En el caso de que Bitcoin esté experimentando un proceso

similar, el estallido de la burbuja podría provocar la desaparición de miles de altcoins sobrevaloradas, dejando finalmente a flote aquellos proyectos con más futuro, como Bitcoin, Ethereum y otros proyectos prominentes, lo cual podría ser beneficioso para la industria.

Aunque el mercado de las criptomonedas no parezca seguir los mismos pasos que la burbuja de valores de Internet, nunca está de más escuchar las críticas. Cuando se trata de mercados especulativos, es importante considerar los errores del pasado y aprender de ellos.

Como argumentaría el economista canadiense-estadounidense John Kenneth Galbraith en su vibrante libro "Breve historia de la euforia financiera", la memoria financiera es "notoriamente corta". Galbraith advierte que "El mundo de las finanzas saluda la invención de la rueda una y otra vez, a menudo en una versión un poco más inestable", refiriéndose a la naturaleza cíclica de los grandes auges y caídas de los mercados financieros impulsados por la especulación.

2.2 CRYPTO EXCHANGES Y BROKERS

Cuando hablamos de comprar bitcoin, el mercado en el que estaremos operando será el mercado de criptomonedas, y a estos mercados se les llama comúnmente crypto exchanges o simplemente exchanges.

"Exchange" es simplemente el término en inglés usado para referirse a los mercados, entendidos como el lugar donde se encuentran diferentes usuarios, como compradores y vendedores. En español también se les llama bolsas de valores o simplemente la bolsa.

Un exchange puede ser tanto un lugar físico como una plataforma virtual donde se llevan a cabo transacciones de bienes, valores y otros instrumentos financieros. Estos sirven para garantizar una forma ordenada, clara y justa de estas transacciones.

En la actualidad, la mayoría de las transacciones se realizan por medios electrónicos, sin importar la localización física.

La bolsa de valores de Ámsterdam, establecida en 1602, podría considerarse la primera plataforma de negociación oficial del mundo. A medida que florecía el comercio, también lo hacía la necesidad de centros comerciales organizados. Desde Londres hasta Tokio, las bolsas de valores surgieron como epicentros de la actividad económica. Estas plataformas no eran simplemente lugares para comerciar, sino que también simbolizaban la confianza, la transparencia y el impulso colectivo a favor de estas instituciones.

Seguramente el lector estará familiarizado con nombres como el New York Stock Exchange (Bolsa de valores de Nueva York), el London Stock Exchange (Bolsa de valores de Londres) o el Tokyo Stock Exchange (Bolsa de valores de Tokio). Estos son algunos ejemplos de exchanges en el mundo. Cuando hablamos de criptomonedas, simplemente tenemos que añadir esta palabra al concepto de exchange. Si el mercado de criptomonedas tuviese una localización, podríamos hablar de un Tokyo Crypto Exchange o un New York Crypto Exchange, pero al no tener una localización específica, simplemente nos queda el término Crypto Exchange.

Las bolsas de criptomonedas operan de manera similar a los mercados tradicionales, aunque existen algunas diferencias. Una de ellas es que las bolsas de valores tradicionales operan dentro de un horario establecido, generalmente reflejando los días hábiles locales, mientras que los exchanges de criptomonedas operan las 24 horas del día, los 7 días de la semana, todos los días del año, sin interrupción.

Por otro lado, la tecnología subyacente es diferente. Mientras que las bolsas de valores dependen de sistemas e intermediarios centralizados, las bolsas de criptomonedas a menudo adoptan modelos descentralizados, gracias a la tecnología blockchain, que como hemos visto, agiliza las operaciones y mejora la transparencia y la seguridad.

Otra diferencia consiste en la ejecución de órdenes. Las bolsas de valores a menudo emplean creadores de mercado para garantizar la liquidez, mientras que muchas plataformas de criptomonedas, aunque no todas, operan con un modelo peer-to-peer, conectando directamente a compradores y vendedores.

Aparte de los exchanges, otra opción para acceder a los mercados de criptomonedas la encontramos a través de ciertos intermediarios llamados brokers, que en español se les denomina agentes o corredores de bolsa. El agente será quien nos conecte con los activos financieros que deseamos.

Este intermediario nos presta sus servicios para hacernos las cosas más sencillas. Esto puede ser útil especialmente para aquellos usuarios que no tienen experiencia con todas las opciones que ofrece un exchange o que simplemente prefieren operar con una interfaz menos complicada y más directa. Teniendo esto en cuenta, la interfaz de un broker va a ser, en general, más sencilla y fácil de utilizar que la de un exchange, permitiéndonos ver rápidamente de un vistazo la lista de criptomonedas disponibles y hacer una compra con un solo clic, mientras que los exchanges, habitualmente, suelen mostrar una pantalla rellena de información donde es fácil perderse cuando uno la ve por primera vez.

También se puede decir que generalmente el broker ofrece un menor número de criptomonedas al cliente, lo cual puede ser práctico para el usuario que se ha iniciado recientemente en el mundo de las criptomonedas. Por consiguiente, es muy probable que no le interese tener 370 diferentes criptomonedas y 1200 pares de monedas en su menú y se conforme con tener una colección de las 40 monedas más populares.

Se podría decir que los costes y comisiones suelen ser otro aspecto que puede diferenciar exchanges y brokers, siendo estos, frecuentemente, más altos cuando usamos los servicios de un broker. Sin embargo, podemos encontrar una gran variedad de cifras diferentes en este aspecto, llegando incluso a encontrar brokers que no cobran comisiones.

2.3 EXCHANGES CENTRALIZADOS Y DESCENTRALIZADOS

Cuando hablamos de mercados de criptomonedas es necesario diferenciar entre exchanges centralizados (CEX) y descentralizados (DEX), puesto que está en la propia naturaleza de las criptomonedas el concepto de la descentralización.

Un exchange de criptomonedas centralizado está dirigido por un tercero que supervisa y facilita las transacciones. Este proporciona la infraestructura para que los participantes del mercado realicen sus operaciones. Estas operaciones se liquidan generalmente fuera de la cadena de bloques, en un servidor centralizado que gestiona el intercambio.

Opuestamente, un exchange descentralizado no es operado por una autoridad central, sino que funciona con un sistema de contratos inteligentes que permite que el exchange funcione sin supervisión centralizada. Esto hace que los DEX no requieran permiso, lo que significa que cualquier persona puede unirse sin necesidad de pedir consentimiento al exchange.

Por lo tanto, los DEX no están sometidos a regulación KYC, como lo están los exchanges centralizados. Las siglas KYC vienen de Know Your Customer o Conoce a tu Cliente, y es el proceso que se usa para identificar a un cliente, comúnmente aplicado a bancos y otras instituciones financieras. El objetivo, en teoría, es poder identificar operaciones financieras ilegales como el blanqueo de dinero o financiación de actividades terroristas.

En relación a las características de uso generales, por lo general, un CEX es más rápido y fácil de usar, ofreciendo una experiencia de usuario elegante, con interfaces limpias y fáciles de operar. Además, es posible elegir entre diferentes opciones para depositar y retirar dinero fiat y criptomonedas. Por otra parte, los DEX suelen ser más lentos y requieren más experiencia por parte del usuario para navegar por ellos. Solo pueden operar con pares de criptomonedas, lo que significa que tenemos que obtener criptomonedas en otro lugar y transferirlas al DEX antes de poder operar. Aunque comienzan a surgir opciones para operar con tarjeta de crédito en DEX.

Una diferencia fundamental y de mayor trascendencia es la custodia de activos. En un CEX, el exchange conserva la custodia de los activos, lo que significa que los usuarios dependen de la plataforma para cumplir con su compromiso con el cliente y procesar las transferencias de su criptomoneda. Esto también implica que el usuario no tiene el control de su clave privada.

Hay un dicho popular que dice "not your keys, not your crypto", que significa que si no tienes tus claves de acceso a tus criptomonedas, no son tuyas. Esto hace referencia al hecho de que cuando se compra criptomonedas en un exchange centralizado no se tiene el acceso a los activos, sino que es el mismo exchange quien los custodia. Por tanto, si el exchange deja de funcionar, ya sea por bancarrota, mala gestión de los fondos de los usuarios, intervención del gobierno o cualquier otro motivo, el usuario no puede acceder a sus criptomonedas.

Esto ha probado ser cierto en numerosas ocasiones en la corta historia de las criptomonedas. Uno de los casos más destacados y recientes fue la caída espectacular de FTX, uno de los mayores exchanges del mundo, que dejó a sus millones de usuarios sin acceso a sus fondos de manera repentina.

En temas de seguridad, cabe mencionar que los exchanges centralizados son con frecuencia el objeto de ataques de piratas informáticos. Debido a su arquitectura centralizada, estos exchanges son más vulnerables a los ataques de piratas informáticos. Los exchanges descentralizados también pueden ser hackeados, aunque los hackers solo pueden apuntar a los contratos inteligentes individuales y no al exchange en su conjunto, siendo por tanto objetivos menos interesantes para el atacante.

Otro aspecto a tener en cuenta son los costes de las operaciones y sus tarifas. Aunque en general se puede decir que los DEX son más baratos que los CEX, esto puede no ser así. Los exchanges descentralizados pueden tener tarifas más bajas para operaciones individuales, pero liquidar las operaciones en el blockchain a menudo resulta en costos totales más altos que en un exchange centralizado. Esto se debe a que cuando se opera en un DEX se pagan tarifas de gas por varios pasos en el proceso, como aprobar transacciones e intercambiar tokens. En períodos de alta demanda en la red, los costos de gas pueden aumentar considerablemente. Además, pueden existir otros costes potenciales, como el llamado slippage o deslizamiento, donde el precio de ejecución de una operación es diferente al que esperamos. Imaginemos que efectuamos una orden de compra de bitcoin a un precio determinado pero esta orden se ejecuta finalmente a un precio un poco mayor. Esto puede pasar en situaciones de gran volatilidad, donde el precio fluctúa mucho, provocando que, desde el momento que damos la orden de compra hasta que se ejecuta, el precio ha variado. Esta variación puede ser insignificativa, pero si el precio es muy volátil, puede ser apreciable.

Este fenómeno puede ocurrir también en mercados con un volumen de transacciones bajo, donde no hay muchos participantes en el mercado y por tanto hay pocas ofertas de compra y venta, lo que puede provocar que no haya muchos participantes que puedan concurrir con nuestras órdenes de compra y venta. Este último factor puede ser importante, especialmente cuando se trata de sumas elevadas, debido a que los exchanges centralizados tienen una liquidez mucho mayor, permitiendo a los traders realizar operaciones de hasta decenas o cientos de millones de dólares, mientras que en uno descentralizado puede ser mucho más limitado.

Es conveniente tener en cuenta los aspectos positivos y negativos de cada tipo de exchange y considerar nuestras condiciones y preferencias personales. Si no existen restricciones en relación a las criptomonedas o exchanges en el país donde residimos y no tenemos fuertes preferencias por uno u otro, creo que la opción más fácil y conveniente para usuarios sin experiencia es comenzar usando un exchange centralizado, y con el tiempo explorar uno descentralizado.

2.4 COMENZANDO A USAR UN CRYPTO EXCHANGE

En este apartado, explicaremos algunas operaciones básicas para comenzar a usar un exchange centralizado, para que el usuario pueda abrir una cuenta, configurar algunas opciones primarias, transferir fondos, realizar la primera compra y conocer algunos conceptos necesarios.

Apertura de cuenta

La apertura de cuenta es un proceso muy sencillo y rápido. Este proceso va a ser diferente dependiendo de si escogemos un exchange que exija KYC o no.

En caso de utilizar un exchange centralizado como Binance, tendremos que verificar nuestra identidad facilitando nuestro documento de identidad y haciendo un reconocimiento facial. Una vez que hayan verificado la información, podremos comenzar a usar plenamente nuestra cuenta.

Antes de comenzar a realizar operaciones, es conveniente realizar algunas configuraciones de seguridad oportunas para proteger nuestra cuenta. Como seguramente habremos oído, cuando se trata de elegir una contraseña es recomendable que sea fuerte. Esto implica que se eviten palabras y nombres comunes, el uso de números, caracteres en minúsculas y mayúsculas, y símbolos. No requiere el mismo tiempo para un hacker descifrar Maria1993! que Frt3Ete&54$!Mmn8G$u.

La autenticación de dos factores requiere la entrada de un código (recibido por email, SMS o generado por una aplicación externa) a la hora de acceder a nuestra cuenta, lo que permite añadir una capa extra de seguridad.

El código antiphishing es una frase o combinación de palabras elegida por nosotros, que el exchange nos mostrará al acceder a la cuenta o en sus notificaciones, de manera que suma mayor confianza de que las comunicaciones o el sitio web al que accedemos es legítimo.

Una lista blanca de direcciones de retiro consiste en crear una lista exclusiva de cuentas a las que podemos retirar nuestros fondos, evitando que alguien que accediese a nuestra cuenta de manera ilegítima, pueda retirar nuestras monedas a otras direcciones que no sean nuestras. Para ello tendría que modificarse esta lista, lo cual conlleva el envío de avisos a nuestro email y teléfono móvil de la modificación, más un período en el que no se pueden retirar los activos de la cuenta. Lo mismo suele ocurrir para cualquier otro cambio en materia de seguridad.

Una vez que tenemos nuestra cuenta activa y protegida, el siguiente paso será transferir fondos al exchange. Para ello podemos hacer una transferencia desde nuestra cuenta bancaria habitual hacia nuestra cuenta en el exchange. Este método es barato, pero puede tardar unos días en tener los fondos disponibles. Por otro lado, tenemos la opción de comprar directamente criptomonedas con nuestra tarjeta de débito o crédito. Es una operación inmediata, pero conlleva un mayor gasto en comisiones.

Una vez transferidos los fondos desde nuestro banco, los podremos encontrar en nuestro exchange bajo el nombre de FIAT, que como ya hemos visto en el capítulo anterior, el dinero fiat o dinero fiduciario, es el dinero "normal", emitido y respaldado por el gobierno de un país, como los dólares o los euros.

La sección FIAT puede estar dentro o junto con la sección SPOT o billetera SPOT. Esta será nuestra billetera principal donde guardaremos nuestro dinero y criptomonedas, y desde donde podremos comprar y vender activos.

Cuando hemos transferido nuestro dinero fiat a nuestra billetera, podremos comprar algunas criptomonedas. Sin embargo, para poder acceder a toda la gama de monedas y hacer transacciones adecuadamente, es preferible cambiarlas por unas criptomonedas llamadas stablecoins.

Las stablecoins, o monedas estables, nos sirven como puente entre las criptomonedas y el dinero fiat que usamos normalmente en nuestra vida diaria. Siendo el precio de las criptomonedas tan volátil, las stablecoins nos ofrecen la opción de tener unas criptomonedas cuyo valor es fijo, ya que están vinculadas a un activo más estable como el dólar o el euro. La stablecoin más usada es el USDT o Tether, que tiene un valor constante equivalente al del dólar estadounidense.

La moneda USDT nos va a permitir tener guardado nuestro dinero en nuestra billetera SPOT sin que fluctúe su valor. Si, por ejemplo, tenemos 1000 USDT, es como si tuviésemos 1000 USD (dólares americanos) en la cuenta. A efectos prácticos es lo mismo, aunque tener la stablecoin nos proporciona además otras ventajas, como no necesitar los servicios y costes de ningún banco, o poder enviar este dinero en cuestión de minutos a cualquier parte del mundo por un coste de casi 0. Aunque principalmente nos interesa para poder intercambiarlo rápidamente por cualquier criptomoneda.

Comprar/Vender

Podemos comprar bitcoin de diferentes maneras, pero vamos a centrarnos en el supuesto de que hemos transferido 1000 euros desde nuestra cuenta bancaria a nuestro exchange. Una vez recibida la transferencia, podremos ver nuestro dinero en la billetera SPOT, reflejado como 1000 EUR. Cada criptomoneda o activo está representado por un conjunto de letras. De esta manera, podemos encontrar que bitcoin es BTC, ethereum es ETH, solana es SOL, la stablecoin tether es USDT y el euro es EUR. Si queremos comprar bitcoin, iremos a la sección de TRADE y elegiremos SPOT, donde escribiremos en el menú de búsqueda las letras BTC. Así podremos ver los pares disponibles con bitcoin. Es posible que veamos las siguientes opciones, entre muchas otras:

- BTC/USDT, para comprar y vender bitcoin usando USDT.
- BTC/EUR, para comprar y vender bitcoin usando euros.
- ETH/BTC, para comprar y vender bitcoin usando ethereum.

En este caso, podemos seleccionar el par BTC/EUR. Entonces veremos en la pantalla varios elementos: La gráfica del precio de bitcoin contra el euro, ocupando la mayor parte de la pantalla; las transacciones de venta y compra en curso a tiempo real; la sección de compra y venta, para seleccionar nuestras órdenes; y las órdenes que tenemos abiertas y su historial.

Por ahora, nos interesaremos en la sección de compra y venta, donde encontraremos dos botones grandes, uno en verde para comprar y otro en rojo para vender. Aquí tendremos que observar que hay tres opciones:

- **Market:** Con esta opción elegiremos la cantidad de dinero o criptomonedas que queremos pagar para comprar o vender otras criptomonedas, y el coste será establecido automáticamente al precio de mercado en ese momento. Por ejemplo, si queremos comprar bitcoin por valor de 1000 euros, en este menú solo tenemos que introducir el número 1000 en la casilla de euros y hacer clic en el botón de comprar BTC. Esta es la opción que usaremos preferiblemente como usuarios nuevos.

- **Opciones de Límite:** Esta opción es similar a la de Market, pero con la diferencia de que aquí elegiremos el precio específico al que queremos comprar o vender. La orden quedará abierta y solo cuando el precio de mercado alcance el precio que hemos fijado, la orden se ejecutará y quedará cerrada. En caso de no alcanzar el precio deseado, la orden no se ejecuta.

- **Stop-Limit:** Esta opción nos permite crear una orden de compra o venta que solo se activará si se cumple la condición de que el precio alcance un cierto valor que hayamos decidido. Para mostrar un uso posible de esta opción, imaginemos que tenemos 1 bitcoin, para el cual hemos gastado 30.000 euros cuando su precio era de 30.000 euros. Al cabo de un tiempo, el precio de 1 bitcoin es de 32.000 euros, pero no queremos venderlo porque tenemos la esperanza de que seguirá subiendo. Sin embargo, en caso de estar equivocados y el precio cayese por debajo de 30.000 euros otra vez, y en caso de que esto ocurra cuando no estemos delante del ordenador o la aplicación, podemos colocar una orden de venta automática a 30.000 euros, poniendo como condición para que se active la orden si el precio de bitcoin llega a 30.100 euros.

Transferir criptomonedas

El movimiento libre de criptomonedas entre diferentes cuentas, independientemente de quién sea la persona receptora o en qué país del mundo se encuentre, de manera rápida y sin la necesidad del permiso de ninguna autoridad, es una de las características esenciales de las criptomonedas y la tecnología blockchain.

De este modo, podemos enviar dinero a familiares, amigos o pagar por bienes y servicios en forma de bitcoin y otras criptomonedas tan fácilmente como podemos enviar un correo electrónico. Además, para hacerlo, no hace falta compartir ninguna información personal, lo que lo hace más seguro.

Para enviar criptomonedas, solo necesitamos la dirección del monedero del destinatario. Esta dirección consiste en una larga cadena de caracteres, de manera similar a un número de cuenta bancaria que identifica dónde debe ir la criptomoneda.

Para hacer un envío, debemos abrir nuestro wallet y seleccionar la opción de transferir o enviar, seleccionar la moneda a enviar e introducir la dirección de destino. Para evitar errores en este paso, es aconsejable copiar y pegar la dirección en lugar de escribirla carácter por carácter. Frecuentemente, esta dirección aparece como un código QR que podemos escanear para obtener la dirección directamente.

En este paso, es importante tener en cuenta que cada tipo de criptomoneda tiene su propia dirección.

Por ello, aunque en nuestro wallet tengamos dos tipos o más de criptomonedas, cada una de ellas tendrá su propia dirección. Así, cuando hacemos un envío a otra cuenta, no se trata de una dirección de billetera que englobe todo su contenido, sino que estaremos enviando cada moneda a una dirección única; por ejemplo, enviamos bitcoin a una dirección de bitcoin y ethereum a una dirección de ethereum.

Por último, elegimos la cantidad a enviar. Aquí aparecerá la tarifa que pagaremos por el envío, lo que comúnmente se conoce como gas fee o tarifa de gas. Se seguirán los pasos de seguridad, si los hay, para finalizar el envío y en unos segundos o minutos se habrá completado. Los costes de gas y la velocidad de la transacción variarán dependiendo de la red que utilicemos.

La red de bitcoin es muy fiable, pero debido a la congestión de la red, el tiempo y las tarifas pueden ser más elevadas en relación con otras redes criptográficas (aunque en comparación con métodos tradicionales seguirán siendo muy bajas).

La red de ethereum es una de las cadenas más utilizadas y es más rápida y barata que la de bitcoin, aunque existen otras redes mucho más rápidas y con costes casi nulos.

Transferir dinero FIAT

En caso de querer transferir dinero desde el exchange hacia una cuenta tradicional, podemos hacerlo fácilmente.

Si disponemos de dinero fiat en nuestra billetera, como euros o dólares, podremos hacerlo directamente. En caso de disponer de nuestros fondos en forma de USDT, USDC u otras stablecoins, tendremos que venderlas primero para obtener su equivalente en dinero fiduciario. En caso de tener solo criptomonedas, se deben vender (si el exchange ofrece pares de nuestras criptomonedas contra dinero fiat, las vendemos directamente; si no, las cambiaremos por stablecoins y luego por fiat).

Cuando tenemos la moneda fiat que queremos transferir, podremos seleccionar la opción de retirar. Elegimos la cantidad y el método (por ejemplo, hacia una cuenta bancaria o a una tarjeta), comprobamos la tarifa y el tiempo estimado, y completamos la operación.

CAPÍTULO 3 QUÉ PUEDO HACER CON MIS CRIPTOMONEDAS

3.1 HODL

"I type d that tyitle twice because I knew it was wrong the first time. Still wrong. w/e. GF's out at a lesbian bar, BTC crashing WHY AM I HOLDING? I'LL TELL YOU WHY. It's because I'm a bad trader and I KNOW I'M A BAD TRADER. Yeah you good traders can spot the highs and the lows pit pat piffy wing wong wang just like that and make a millino bucks sure no problem bro. Likewise the weak hands are like OH NO IT'S GOING DOWN I'M GONNA SELL he he he and then they're like OH GOD MY ASSHOLE when the SMART traders who KNOW WHAT THE FUCK THEY'RE DOING buy back in but you know what? I'm not part of that group [...] You only sell in a bear market if you are a good day trader or an illusioned noob. The people inbetween hold. In a zero-sum game such as this, traders can only take your money if you sell."

Este es un extracto de una de las publicaciones realizadas por el usuario llamado Gamekyuubi en el foro de Bitcointalk en diciembre de 2013, cuando el precio de bitcoin había caído más de un 50% desde el comienzo de ese mes. El título de la publicación era "I AM HODLING", que es un error tipográfico de lo que debería haber sido "I AM HOLDING", que significa "estoy manteniendo".

El texto muestra la efusiva opinión del usuario Gamekyuubi, quien confiesa haber estado tomando whisky, sobre cómo aquellos que no saben interpretar el mercado suelen perder dinero al vender su bitcoin en malos momentos, mientras que los buenos traders hacen millones a costa de los demás. Por ese motivo, Gamekyuubi expresa a la comunidad del foro su intención de no vender, a pesar de la gran caída que está experimentando el precio de bitcoin.

El texto está lleno de errores tipográficos, y el desliz de escribir la palabra HODL en lugar de HOLD quedó en la memoria de toda la comunidad. Desde entonces, el término HODL ha sido ampliamente adoptado en el universo cripto, no solo como un término para describir a aquellos que poseen Bitcoin, sino también para explicar una actitud y creencia firme hacia Bitcoin y su futuro. En el extremo más radical, encontramos al hodler auténtico, que se distingue del resto por nunca vender su Bitcoin.

Como bien expresa nuestro amigo Gamekyuubi en su legendaria publicación, si uno no tiene las habilidades para leer el mercado e identificar los momentos óptimos para comprar y vender, su mejor opción es hacer HODL.

En este sentido, hacer HODL se puede equiparar a realizar una inversión a largo plazo. Es decir, se compran activos con la intención de mantenerlos durante un período largo de tiempo, con la esperanza de que en el futuro tengan un valor superior. Esta estrategia, aunque sencilla, puede proporcionar retornos enormemente lucrativos.

Según mi experiencia, la mayoría de la gente siente ciertas dudas acerca de sus posibilidades financieras y el concepto de inversión les parece algo reservado para unos pocos expertos y adinerados. Como resultado, nadie está seguro de qué hacer con el dinero que les sobra al final de cada mes, si es que tienen la suerte de que les sobre algo. Lo más habitual, viviendo en la sociedad de consumo en la que muchos de nosotros vivimos, es que todo el dinero se nos vaya de las manos y, aún así, terminemos debiéndole dinero al banco.

Al igual que ocurre con otras áreas importantes de nuestra vida, no tenemos una educación fácilmente disponible y accesible acerca del dinero y cómo administrarlo a nuestro favor.

En la escuela, nos enseñan lo básico acerca de números y letras, memorizamos muchas cosas y aprendemos a seguir un modelo de conducta, pero no somos educados en otros temas que nos ayudarían de gran manera a vivir nuestra vida diaria mucho más efectivamente, como la salud, la nutrición o las finanzas.

Como expone el empresario y autor del libro "Padre Rico, Padre Pobre", Robert Kiyosaki, es nuestro deber educarnos financieramente para poder salir de la pobreza. La libertad financiera la podemos obtener a través de la inversión, los bienes raíces, ser dueños de negocios y el uso de tácticas de protección financiera.

Aunque en su libro Kiyosaki no ofrece ninguna habilidad técnica sobre cómo conseguir estas cosas, sí que es valioso su consejo de que debemos comenzar a aceptar la responsabilidad sobre nuestro propio futuro financiero.

El primer paso para poder realizar una inversión es tener dinero disponible con el cual comenzar. Después de haber registrado nuestros ingresos y deducido todos los gastos que hayamos tenido, obtendremos un balance al final del mes. Idealmente, este balance será positivo, lo que significa que habremos ingresado más dinero del que hemos gastado. A este saldo positivo lo llamamos ahorro, que es el dinero sobre el cual debemos decidir qué hacer.

Si optamos por dejarlo debajo del colchón o en una cuenta bancaria, es muy probable que sufra una pérdida de valor con el paso del tiempo. Por ejemplo, si tenemos ahorrados 10 mil euros hoy en día, dentro de 10 años es probable que sigamos teniendo la misma cantidad. Sin embargo, lo que podremos comprar con ese dinero será menos que lo que podríamos haber comprado hace 10 años. Esto se debe al efecto de la inflación, que se define como el aumento del precio de bienes y servicios en una economía durante un período de tiempo específico. La inflación es uno de los factores clave que hace que nuestros ahorros pierdan valor con el tiempo y es una variable importante en economía que a menudo genera preocupaciones entre economistas, ciudadanos y gobernantes.

En la imagen 2 podemos observar los valores de inflación de los países pertenecientes al G20 en enero de 2024.

Argentina	276	México	4.69
Australia	3.6	Países Bajos	2.7
Brasil	3.93	Rusia	8.3
Canada	2.7	Arabia Saudí	1.6
China	0.3	Singapur	3.1
Zona Euro	2.6	Sudáfrica	5.2
Francia	2.3	Corea del Sur	2.7
Alemania	2.4	España	3.6
India	4.75	Suiza	1.4
Indonesia	2.84	Turquía	75.45
Italia	0.8	Reino Unido	2
Japón	2.8	Estados Unidos	3.3

Imagen 2. Inflación G20. Fuente: Tradingeconomics

Aunque muchos gobiernos intentan mantener una tasa de inflación alrededor del 2%, podemos observar que la inflación puede alcanzar valores mucho más elevados, como es el caso de Argentina o Turquía, donde los precios aumentan de manera descontrolada.

Para obtener una idea de los niveles de inflación en décadas anteriores, en la imagen 3 se presenta una gráfica de la tasa de inflación global entre los años 1982 y 2022.

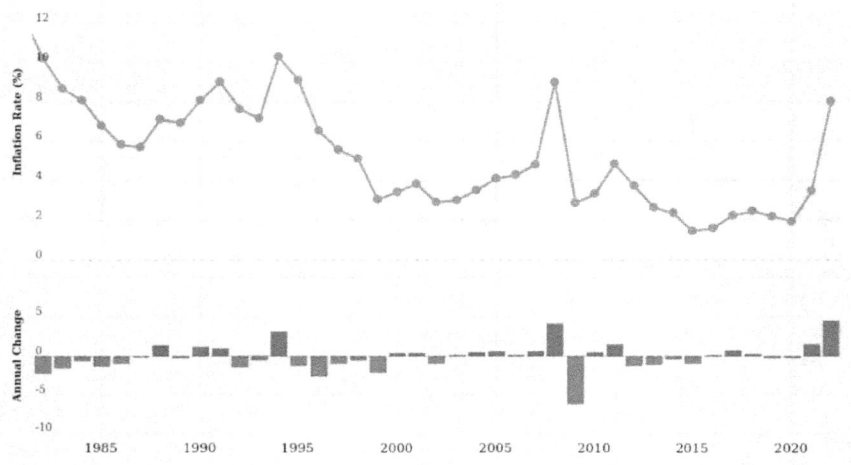

Imagen 3. Inflación mundial. Fuente: Macrotrends

La línea superior muestra el porcentaje de inflación cada año, mientras que las barras inferiores representan la variación anual. Podemos observar que la tasa de inflación fluctúa de año en año y puede experimentar cambios significativos.

A continuación, tenemos gráficas similares de inflación pero separadas por diferentes regiones del mundo.

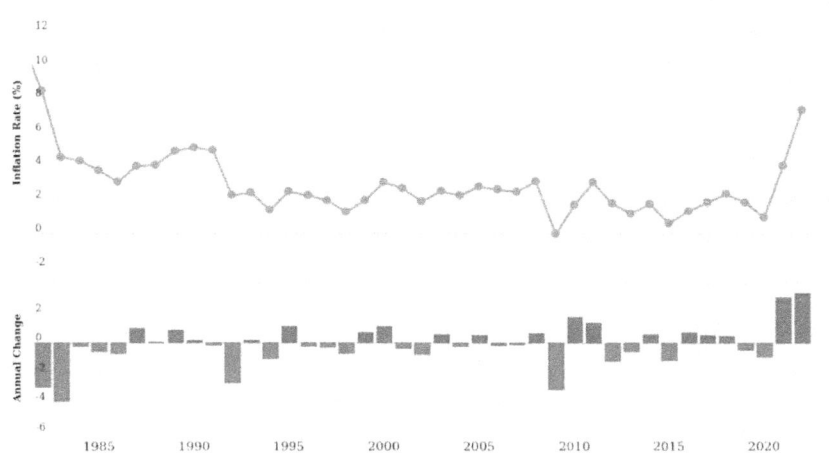

Imagen 4. Inflación en América del Norte. Fuente: Macrotrends

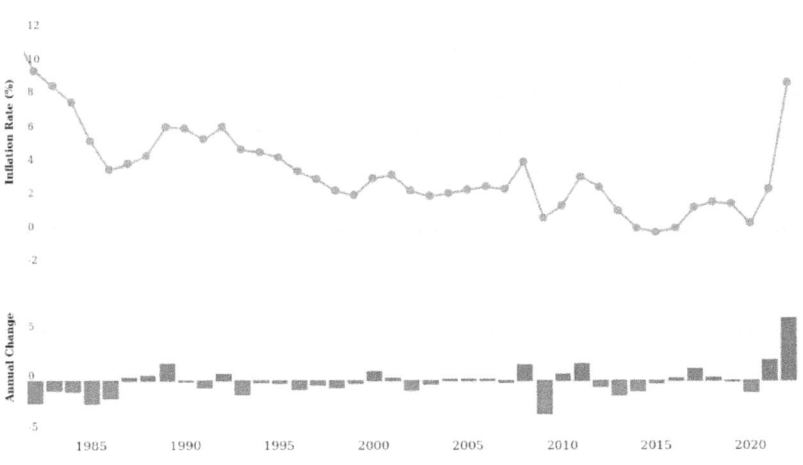

Imagen 5. Inflación en la Unión Europea. Fuente: Macrotrends

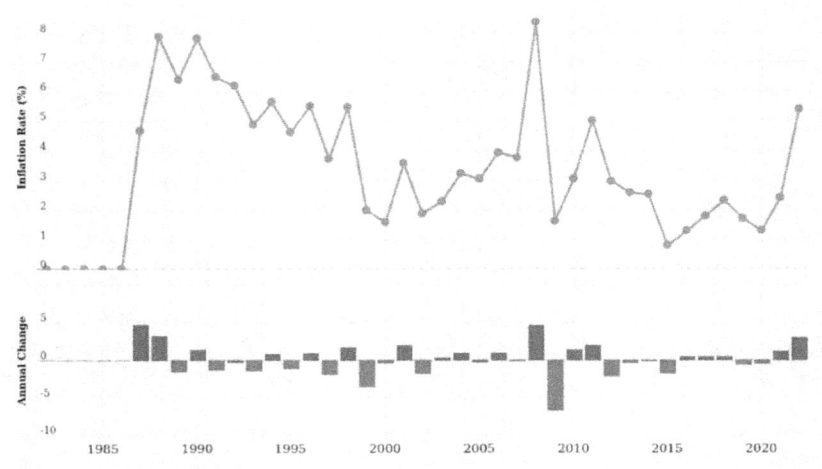

Imagen 6. Inflación en Asia y el Pacífico. Fuente: Macrotrends

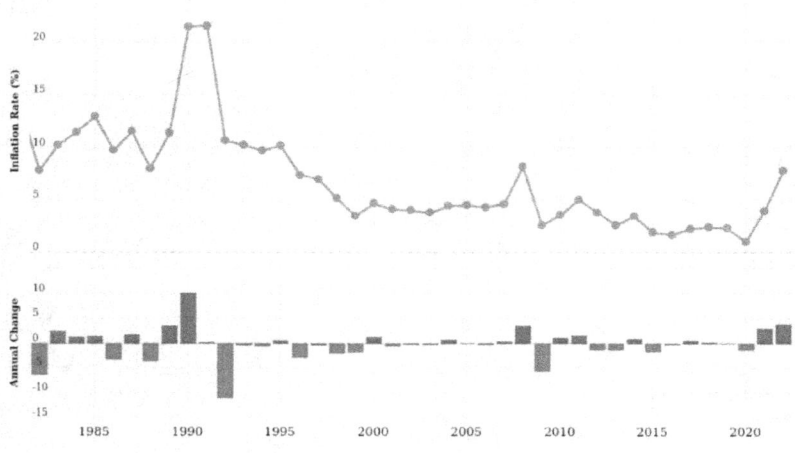

Imagen 7. Inflación en América Latina. Fuente: Macrotrends

Observando la inflación en las regiones de América del Norte, Asia y Pacífico, América Latina y la Unión Europea, podemos identificar una cierta correlación entre ellas. Aunque estos datos agrupan distintos países de diferentes regiones, es evidente que las economías nacionales están cada vez más interconectadas en una escena internacional, donde cada estado es solo una parte de una economía global en la que la inflación afecta a todos.

Si analizamos los datos estadísticos de los últimos 10 años (entre 2013 y 2023), podemos calcular que 100 euros en 2013 equivalen en poder adquisitivo a unos 127,40 euros en 2023, lo que representa un aumento de 27,40 euros en esa década. El euro tuvo una tasa de inflación media del 2,45% anual entre 2013 y 2023, lo que resultó en un aumento acumulado de precios del 27,40%. Esto significa que los precios en 2023 son 1,27 veces más altos que los precios medios desde 2013, según el índice de precios al consumo del Banco Central Europeo.

De manera similar, 100 dólares americanos en 2013 equivalen en poder adquisitivo a unos 130,80 dólares en 2023, lo que representa un aumento de 30,80 dólares en 10 años. El dólar tuvo una tasa de inflación promedio de 2,72% anual entre 2013 y 2023, lo que produjo un incremento acumulado de precios del 30,80%. Esto significa que los precios en 2023 son 1,31 veces más altos que los precios promedio desde 2013, según el índice de precios al consumidor de la Oficina de Estadísticas Laborales.

Una vez somos conscientes del efecto de la inflación, es probable que queramos tomar acciones para protegernos de sus efectos. Una opción atractiva para evitar que nuestros ahorros sufran esta pérdida de valor es la inversión. Al invertir nuestros ahorros en activos financieros como bitcoin, no solo estaremos evitando su desvalorización, sino que también estaremos aumentando nuestro patrimonio.

Vamos a ver ejemplos de los resultados que habríamos obtenido al invertir 1000 dólares en tres activos financieros diferentes hace 10 años, entre 2013 y 2023, específicamente en oro, la bolsa y bitcoin.

A. Invertir 1000 dólares en oro.

El precio de una onza de oro, equivalente a 28.34 gramos, en enero de 2013 era de unos 1600 dólares. Con 1000 dólares habríamos podido comprar aproximadamente 0.62 onzas de oro.

Hacia finales del año 2023, el precio del oro rondaba los 2000 dólares por onza. Esto significa que al cabo de este tiempo, habríamos tenido un valor cercano a los 1250 dólares, lo que nos habría dejado con un capital ligeramente mayor que el inicial. Aunque no sería considerada una inversión muy lucrativa dado el horizonte temporal, habríamos conservado nuestro patrimonio y obtenido un pequeño beneficio. Es por esto que el oro suele ser visto como una reserva de valor.

Es importante notar que la fecha inicial que hemos tomado como ejemplo es un momento en el que el oro ya había experimentado un aumento significativo de precio previamente. Si hubiéramos comprado en 2009, cuando el precio rondaba los 1000 dólares, el retorno al final del período habría sido el doble del capital inicial. En el caso de haber comprado en 2005, el retorno al final del período habría sido cuatro veces el capital inicial.

Por tanto, es crucial estar consciente de los ciclos del mercado y del entorno macroeconómico antes de tomar decisiones de inversión.

La imagen 8 muestra la evolución del precio del oro en dólares por onza desde el año 2000 hasta el 2024, destacando la tendencia alcista que ha mantenido desde entonces.

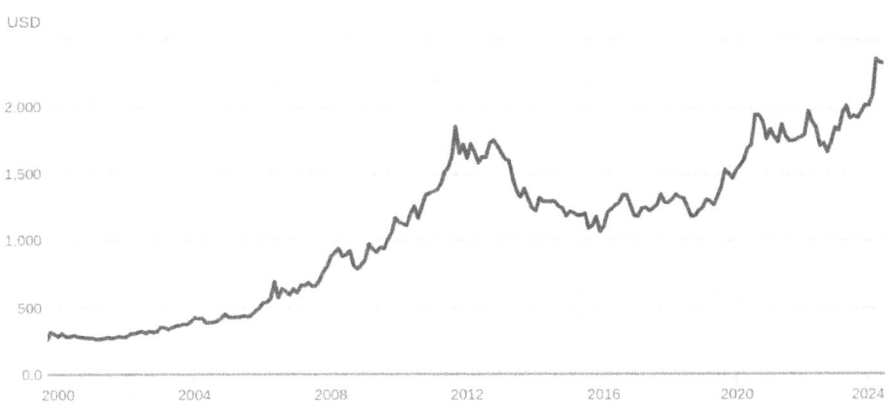

Imagen 8. Gráfica del precio del oro. Fuente: World Gold Council

B. Invertir 1000 dólares en acciones.

A la hora de invertir en acciones, se puede optar por comprar acciones de empresas individuales, aunque es común utilizar fondos que agrupan múltiples empresas. De esta manera, se diversifica la exposición al mercado, reduciendo el riesgo y potencialmente aumentando los beneficios, al no depender de una sola empresa.

Por ejemplo, si hubiéramos invertido en una empresa como Amazon en comparación con un fondo que replica el índice S&P 500, que incluye 500 empresas líderes en Estados Unidos:

En enero de 2013, el índice S&P 500 estaba valorado en 1500 dólares. A finales de 2023, este valor había aumentado a 4700 dólares, lo que representaría un poco más del triple de nuestra inversión inicial.

En contraste, una acción de Amazon en enero de 2013 tenía un precio de aproximadamente 15 dólares, mientras que a finales de 2023 había alcanzado los 150 dólares por acción. Esto significa que una inversión inicial de 1000 dólares en acciones de Amazon se habría convertido en 10,000 dólares, es decir, multiplicado por 10 su valor inicial.

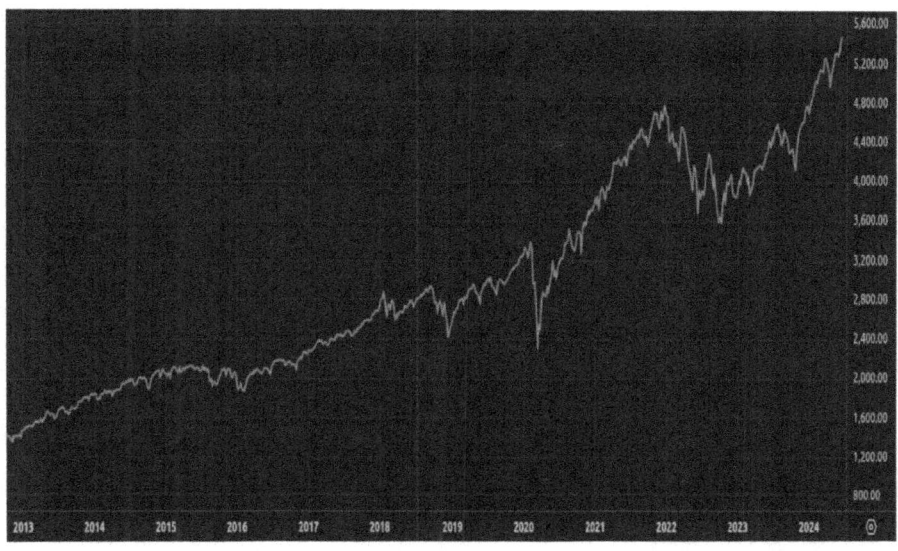

Imagen 9. Gráfica del precio del S&P 500. Fuente: Tradingview

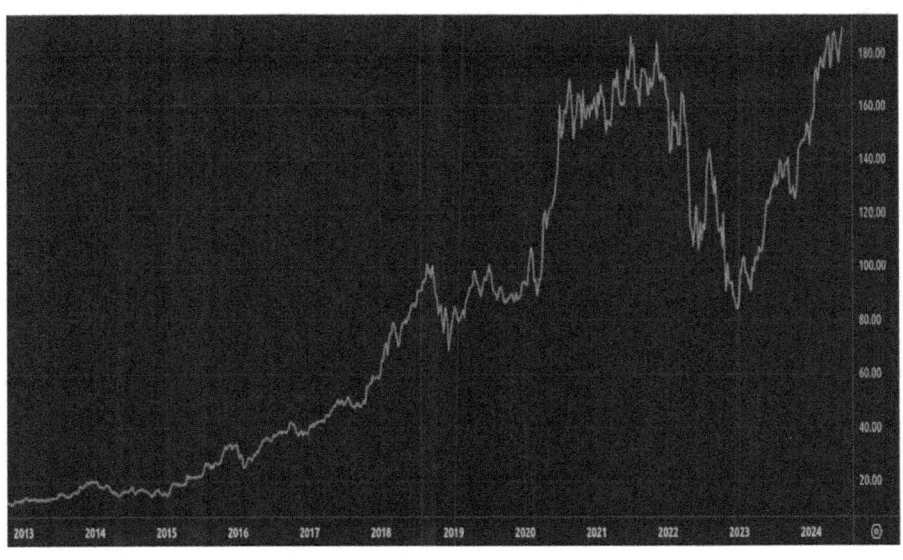

Imagen 10. Gráfica del precio de las acciones
de Amazon. Fuente: Tradingview

C. Invertir 1000 dólares en Bitcoin.

En enero de 2013 podríamos haber comprado 1 bitcoin por 14 dólares. Con mil dólares, habríamos comprado 71 bitcoins. A finales de 2023, el precio de 1 bitcoin era de 44,000 dólares, por lo que el valor de nuestros 71 bitcoins sería algo más de 3 millones de dólares.

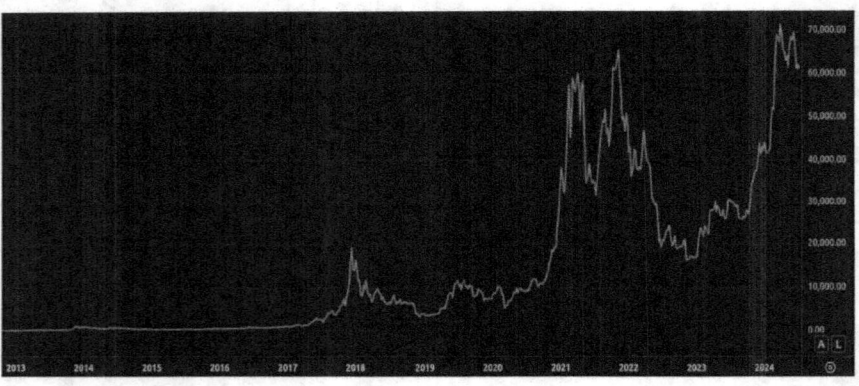

Imagen 11. Gráfica del precio de Bitcoin. Fuente: Tradingview

Como podemos observar, cualquiera de las opciones de inversión que hemos visto habría sido un éxito. El oro es uno de los bienes más populares y generalmente se considera la opción más segura, aunque el retorno hubiera sido el menor. Invertir en un fondo que refleje el S&P 500 habría sido altamente lucrativo, aunque no tanto como haber invertido en acciones de la empresa Amazon.

Sin embargo, ninguna inversión habría superado los extraordinarios retornos ofrecidos por bitcoin. En cualquiera de los casos, estamos hablando de utilizar un capital que no necesitamos disponer para invertir y simplemente mantener (HODL).

3.2 CRYPTO WALLETS Y TUS LLAVES

Si decidimos comprar bitcoin para mantenerlo a largo plazo, es crucial ser conscientes de las opciones disponibles para guardarlos de manera segura.

Como sabemos, al utilizar un exchange centralizado, la custodia de las criptomonedas está en manos del exchange, lo que significa que son ellos quienes guardan nuestras monedas por nosotros. En contraste, al utilizar un exchange descentralizado, somos responsables de nuestras monedas.

En ambos casos, nuestras monedas estarán guardadas en wallets, que son programas de software diseñados para facilitar el uso de criptomonedas. Estos son comúnmente conocidos como cryptocurrency wallets, crypto wallets o simplemente wallets, término que puede traducirse al español como monederos o billeteras de criptomonedas.

Podemos encontrar muchos tipos de estos monederos en el mercado, pero nos interesa saber que podemos clasificarlos esencialmente en 2 tipos: hot wallets y cold wallets. La diferencia entre estos dos tipos radica en que los hot wallets están conectados a internet y se puede acceder a ellos en cualquier momento, mientras que los cold wallets no están conectados a la red y se necesita un dispositivo físico para acceder a ellos. Esta diferencia es significativa, ya que un wallet conectado a internet puede ser accesible remotamente por hackers, lo que podría llevar a la pérdida de nuestras monedas.

Por ello, el uso de un cold wallet es considerado la mejor opción si queremos hacer HODL a largo plazo.

Existen múltiples marcas y modelos físicos de estos wallets en el mercado, que suelen tener una forma similar a la de una llave USB y se conectan al ordenador para ser gestionados con un programa de software. Si hemos comprado bitcoin en un exchange, podemos transferirlo fácilmente hacia el cold wallet, donde quedará almacenado y sin que nadie pueda acceder a él.

En este caso, es de vital importancia que conservemos nuestras llaves para acceder a la billetera. Estas llaves vienen en forma de una secuencia de palabras, habitualmente 24, que son necesarias para abrir el wallet.

Ha habido casos donde inversores han perdido acceso a sus criptomonedas, a veces valoradas en millones de dólares, porque el propietario ha perdido u olvidado esta secuencia de palabras. Aunque la pérdida de acceso a tu propia billetera pueda parecer algo anecdótico, ha probado ser un problema más común de lo que podría imaginarse. En 2021, el New York Times publicaba que el valor de las criptomonedas perdidas por aquellos que no tienen acceso a sus billeteras está valorado en decenas de miles de millones de dólares.

Uno de los casos más conocidos es el de Stefan Thomas, un programador alemán residente en San Francisco, que causó sensación en el mundo de las criptomonedas al olvidar la contraseña del disco duro que contenía las claves privadas de su billetera digital, la cual almacenaba 7.000 bitcoins. Según se informa, Thomas ha estado intentando sin éxito acceder al disco duro desde 2012, ya que perdió el papel donde había anotado su contraseña. En 2021, le quedaban dos intentos restantes.

El disco duro, conocido como IronKey, está diseñado para ser impenetrable y ofrece a los usuarios diez intentos de contraseña antes de bloquearse permanentemente.

Otro caso destacado es el de James Howells, residente de Newport, Gales, quien comenzó a minar bitcoins en 2009. En 2013, Howells tenía almacenados 8.000 bitcoins en un disco duro. Ese mismo año, al creer que estaba desechando un disco duro vacío, inadvertidamente tiró el disco que contenía esos 8.000 bitcoins. El disco duro fue llevado junto con el resto de su basura y enterrado en un vertedero local.

Nueve años después, al darse cuenta del significativo aumento en el valor del bitcoin y de la fortuna que había perdido, Howells ideó un plan para intentar recuperarlos. Solicitó a las autoridades locales de Gales permiso para realizar una búsqueda en el vertedero donde se encontraba enterrado el disco duro. Esta operación tendría un costo estimado de 11 millones de dólares para excavar y buscar los bitcoins perdidos.

En noviembre de 2023, Howells continúa intentando recuperar su tesoro, según informa la BBC News. Según ellos, un portavoz del ayuntamiento de Newport declaró: "Desde 2013 hemos sido contactados muchas veces respecto a la posibilidad de recuperar un dispositivo de hardware que supuestamente contiene bitcoins, que podría o no estar en nuestro vertedero. El consejo municipal ha informado al Sr. Howells en varias ocasiones que la excavación no es posible bajo nuestro permiso ambiental, y que un proyecto de esa magnitud tendría un enorme impacto ambiental negativo en la zona circundante". Además, añadió que el consejo es la única entidad autorizada para realizar operaciones en el sitio y que "no proporcionará más comentarios sobre este asunto, ya que requiere el valioso tiempo de los funcionarios".

El siguiente y último caso que observamos muestra otra forma en la que bitcoins pueden ser añadidos a la lista de pérdidas, no solo los propios, sino también los de otros. Hablamos de la pérdida por defunción. Este caso en particular tiene un giro inesperado en la trama, que nos lleva a discutir los riesgos de confiar nuestras criptomonedas a un exchange centralizado.

En diciembre de 2018, Gerald Cotten, director ejecutivo de QuadrigaCX, uno de los mayores exchanges de criptomonedas en Canadá en aquel momento, estaba de luna de miel en la India con su esposa cuando falleció debido a complicaciones de salud. Cotten era la única persona que tenía las llaves de la bóveda de criptomonedas de QuadrigaCX, lo que significa que tenía acceso exclusivo a millones de dólares en fondos de clientes. A diferencia de otros exchanges de criptomonedas, Cotten no había establecido un mecanismo para garantizar la transferencia de estos activos a otras personas en caso de su fallecimiento. Esto dejó a los usuarios con sus fondos atrapados en las billeteras del exchange.

Después del fallecimiento de Cotten, QuadrigaCX solicitó la protección de los acreedores, reconociendo la grave situación financiera del exchange, con deudas que ascendían a un total de 215 millones de dólares en efectivo y bitcoins para sus 115,000 inversores.

A medida que avanzaban las investigaciones, surgieron sospechas sobre la autenticidad de la muerte de Cotten. Sin embargo, la verdad que emergió fue igualmente impactante: la Comisión de Bolsa y Valores de Ontario reveló que antes de su fallecimiento, Cotten había utilizado los fondos de los clientes para financiar su lujoso estilo de vida y había agotado la mayor parte de los fondos a través de operaciones fraudulentas.

Desgraciadamente, el uso indebido de fondos de clientes para intereses personales por parte de algunos directivos de exchanges es algo que se ha visto más veces de lo que sería de esperar. Este es uno de los motivos por los que es tan popular el dicho "Not your keys, not your crypto" que mencionamos en el capítulo anterior.

Además de los casos más conocidos de grandes colapsos de exchanges, como Mt. Gox o FTX, existen cientos de otros que suceden sin hacer mucho ruido. Si visitamos la lista de exchanges que han dejado de existir, recopilada por Crypto Wisser, empresa líder en comparación de exchanges de criptomonedas, podemos comprobar que la lista es extensa, con cientos de entradas. Además, si examinamos las razones por las que cesaron su actividad, podemos observar la frecuencia con que aparecen motivos como hackeos, fraudes o desapariciones misteriosas.

Según Crypto Wisser, los exchanges de criptomonedas "mueren" por cierre voluntario, piratería, estafas y cierres por parte del gobierno. Si bien las estafas y la piratería se explican por sí mismas, los cierres voluntarios y gubernamentales, así como las misteriosas desapariciones, pueden atribuirse a la intensa competencia contra exchanges centralizados por parte de exchanges descentralizados, de derivados y alternativas no criptográficas. Además, las regulaciones cada vez más estrictas por parte de los gobiernos hacen mucho más difícil la vida de estas plataformas.

A pesar de todo, no se puede decir que el uso de exchanges centralizados sea algo que debamos evitar, dado que son un medio muy conveniente y fácil para operar con criptomonedas. Sin embargo, es crucial tener en cuenta que la mayor parte de nuestro portafolio financiero dedicado a criptomonedas debería ser guardado en un cold wallet, al cual tengamos acceso, y debemos asegurarnos de no perder las llaves.

3.3 PORTAFOLIO FINANCIERO

En el momento en que hemos comprado bitcoin, podemos considerar que tenemos un portafolio financiero o de inversión. Este consiste en el conjunto de instrumentos financieros que tenemos en nuestro poder, que puede estar compuesto por acciones, fondos de inversión, bonos y obligaciones del estado, divisas, y por supuesto, criptomonedas.

Al tener diversas opciones de activos para añadir a nuestra cartera de inversión, es crucial seleccionar qué incluir y en qué proporciones. Para esto, es aconsejable definir nuestra tolerancia al riesgo, ya que determinará la composición de nuestra cartera y su distribución.

Si tenemos un perfil conservador, es probable que prefiramos invertir más en activos con menor potencial de crecimiento pero más estables y seguros. Por otro lado, si nos identificamos con un perfil agresivo o especulativo, optaremos por instrumentos más volátiles que ofrecen un mayor potencial de retorno, aunque con un riesgo superior de pérdida.

En términos generales, se recomienda mantener una distribución equilibrada según nuestro perfil de riesgo, asignando una mayor proporción a instrumentos de renta fija cuando nuestro apetito por el riesgo sea bajo.

La diversificación es un factor crucial al construir nuestra cartera. Distribuir nuestro dinero en varios sectores y tipos de instrumentos diferentes nos permite mitigar posibles pérdidas y aprovechar oportunidades. Esto significa que quizás no sea la mejor idea tener todos nuestros ahorros invertidos únicamente en bitcoin, por más entusiastas que seamos de la tecnología. Es más sensato considerar invertir también en otros tipos de instrumentos, como acciones, bonos, metales preciosos, materias primas y bienes inmuebles, ya que todos estos activos están sujetos a fluctuaciones y nadie puede prever con certeza qué sucederá en los distintos mercados en el futuro. Por esta razón, tiene sentido seguir el popular dicho de no poner todos nuestros huevos en la misma cesta.

Este concepto de diversificación se puede aplicar tanto a nuestro portafolio en su conjunto como dentro de cada categoría dentro de este. Por ejemplo, supongamos que dentro de nuestra categoría de acciones hemos decidido asignar un 20% del total al sector tecnológico. En ese caso, podríamos distribuir ese 20% de la siguiente manera: un 60% para empresas líderes en el sector tecnológico, un 30% para empresas productoras de materias primas demandadas por el sector tecnológico, y un 10% para plataformas de redes sociales relacionadas con algunas empresas tecnológicas.

De manera similar, el capital que decidamos asignar a la compra de criptomonedas podría tener el siguiente aspecto: 50% en bitcoin, 20% en ethereum y 30% en otras altcoins. Dentro de las altcoins, se puede hacer una selección de cada categoría como inteligencia artificial, videojuegos, aplicaciones financieras, etc., y dedicarle un porcentaje a cada una. De esta manera, planificaríamos la composición y distribución de nuestro portafolio.

Otro aspecto a considerar es la cantidad de dinero que queremos invertir y el tiempo que estamos dispuestos a mantener las inversiones. El dinero que destinemos a una inversión debería ser una suma que esté comprometida durante un largo período de tiempo y no necesitarlo para otras necesidades. Es decir, deberíamos tener un fondo separado para cubrir gastos y eventos inesperados, de manera que no seamos obligados a retirar nuestra inversión prematuramente. La retirada anticipada de una inversión puede resultar en la pérdida no solo de los beneficios obtenidos, sino también de parte del capital invertido. Esto es especialmente cierto para activos altamente volátiles, donde cerrar posiciones en momentos inoportunos puede suponer una gran diferencia.

Por ejemplo, alguien que compró bitcoin en diciembre de 2017 por 10,000 dólares habría visto cómo su inversión se redujo a 5,000 dólares si hubiera vendido en enero de 2018, bajó a 2,000 en diciembre de 2018, subió nuevamente a 10,000 en diciembre de 2020, a 20,000 en enero de 2021, 34,000 en abril de 2021, bajó a 10,000 en junio de 2022, y volvió a 34,000 en marzo de 2024.

En el mismo período de tiempo, un inversor a largo plazo habría visto cómo su capital aumentaba de 10,000 a 34,000 dólares simplemente por mantenerse firme, sin hacer cambios, y considerando todas esas fluctuaciones de precios como ruido del mercado. Sin embargo, aquellos inversores dispuestos a ser activos podrían haber aprovechado las oportunidades que ofrecen estas variaciones de precios, comprando y vendiendo en momentos estratégicos para obtener ganancias.

En esencia, esta diferencia de actitud es lo que distingue a un inversor de un trader.

3.4 TRADING Y EL ANÁLISIS FINANCIERO

El trading es una forma de operación que implica la compra y venta de activos financieros cotizados en mercados con el objetivo de obtener beneficios en un corto plazo. Este enfoque se caracteriza por ser especulativo, ya que los traders buscan aprovechar movimientos de precios a corto plazo.

Según la duración de las operaciones, los traders se clasifican de la siguiente manera:

- Scalpers: Realizan operaciones muy rápidas, a menudo en minutos o incluso segundos. Su estrategia se centra en capturar pequeños movimientos de precio y obtener pequeños beneficios en múltiples operaciones durante una sesión.

- Day Traders: Mantienen sus posiciones abiertas y las cierran dentro del mismo día o sesión de trading. A diferencia de los scalpers, sus operaciones pueden durar desde minutos hasta varias horas dentro del mismo día.

- Swing Traders: Mantienen sus operaciones abiertas durante días o semanas para aprovechar tendencias más prolongadas en los precios de los activos. Buscan obtener ganancias de movimientos más amplios del mercado que no se capturan en el trading diario.

- Position Traders: Mantienen posiciones abiertas durante semanas, meses e incluso años. Aunque parecen similares a los inversores de largo plazo, los position traders son más activos en la gestión de sus operaciones y toman decisiones basadas en análisis técnicos y fundamentales para capturar tendencias a medio y largo plazo.

Es común que un trader pueda operar en múltiples estilos simultáneamente según sus objetivos y estrategias específicas. Por ejemplo, un day trader puede realizar operaciones intradía pero también mantener posiciones abiertas durante días o semanas si las condiciones del mercado lo favorecen. La flexibilidad en el enfoque temporal permite a los traders adaptarse a diferentes condiciones del mercado y aprovechar oportunidades tanto a corto como a largo plazo.

No hay requisitos formales para ser trader. Algunos traders tienen experiencia previa en finanzas o economía, mientras que otros provienen de campos completamente diferentes. Algunos son traders a tiempo completo, mientras que otros lo hacen como segundo trabajo. Cada persona decide si quiere ser trader, cuánto tiempo dedicarle y cómo hacerlo. No hay entrevistas de trabajo, ni restricciones por edad, sexo u origen étnico. Tampoco hay discriminación salarial ni importa la ubicación geográfica. Se puede operar desde casa, la playa o la oficina, sin horarios fijos, calendario laboral ni etiqueta social.

Sin embargo, es importante saber que dedicarse al trading no es una forma fácil ni rápida de enriquecerse, a pesar de lo que puedan hacer creer los numerosos influencers en las redes sociales. Hacer trading requiere un período de aprendizaje y experiencia que conduzca a adquirir un profundo conocimiento de los mercados, las estrategias de trading y la gestión de riesgos. Con la voluntad de aprender y la disciplina necesaria, cualquier persona puede convertirse en trader.

El análisis financiero

En el momento en que un individuo decide invertir su dinero en activos financieros, es crucial realizar algún tipo de análisis para poder tomar decisiones fundamentales como qué activo comprar, cuándo hacerlo y cuándo venderlo.

Estas decisiones son comunes para todos los inversores, ya sea para el trader que realiza 20 operaciones cada semana, el trader que hace una compraventa al año o el inversor que está realizando mantenimiento o reestructuración de su cartera financiera.

Para abordar estas cuestiones, generalmente se utilizan los siguientes tipos de análisis:

Análisis técnico

Es un tipo de análisis que se fundamenta en la creencia de que las tendencias del mercado, los patrones de precios y los datos históricos pueden ayudar a predecir los movimientos futuros de los precios. Se utilizan gráficos e indicadores técnicos para identificar oportunidades y tomar decisiones basadas en el movimiento del precio de un activo.

Los orígenes del análisis técnico se remontan a un periodista estadounidense llamado Charles Henry Dow, quien cofundó la empresa Dow Jones & Company en 1882 y The Wall Street Journal en 1889, una de las publicaciones financieras más respetadas del mundo.

Dow creó el Índice Industrial Dow Jones, un índice bursátil que medía la actividad de las 30 mayores sociedades anónimas cotizadas en el mercado bursátil de Estados Unidos, como parte de su estudio de los mercados. Desarrolló unos principios para entender y analizar el comportamiento de estos mercados, lo que se conoce como la teoría de Dow.

Esta teoría sentó las bases del análisis técnico. Dow registraba los máximos y mínimos de su índice diario, semanal y mensual, correlacionando los patrones con los flujos del mercado. Posteriormente, escribió artículos señalando cómo ciertos patrones explicaban y predecían eventos anteriores del mercado.

Estas ideas tempranas fueron desarrolladas posteriormente por otros analistas como William Peter Hamilton, Robert Rhea, Edson Gould y muchos otros, quienes contribuyeron al progreso y la evolución de lo que hoy conocemos como análisis técnico de los mercados financieros.

Análisis fundamental

Este tipo de análisis busca descubrir el valor intrínseco de un activo, como una acción o una divisa, utilizando diversas herramientas.

Es posible analizar el estado financiero de una empresa a través del balance general, el estado de resultados o el flujo de efectivo, lo que permite valorar instantáneamente su rentabilidad, liquidez y solvencia. También se puede hacer uso de indicadores macroeconómicos como el crecimiento del producto interno bruto, la inflación y las tasas de desempleo para comprender el entorno económico en el que opera una empresa, lo cual puede afectar el comportamiento del consumidor y, por ende, el rendimiento de la empresa. Las tasas de interés pueden tener un impacto significativo en el valor de una inversión; tasas altas generalmente conducen a precios más bajos de las acciones, mientras que tasas bajas tienden a impulsar los precios de las acciones.

Además de los datos medibles cuantitativamente, conocido como análisis cuantitativo, también se debe considerar la información cualitativa que incluye detalles sobre la calidad de la gestión, el ciclo de la industria, la ventaja competitiva y otros factores no cuantificables que afectan las acciones de una empresa.

Con el análisis fundamental, los inversores y traders intentan determinar si el precio de un activo está por encima o por debajo de su valor real o intrínseco. Por lo tanto, si se determina que el precio de mercado actual de una acción está por debajo de su valor intrínseco, o subvalorado, es una señal para comprarla, anticipando que con el tiempo el mercado volverá a su equilibrio.

Warren Buffett, considerado uno de los inversores más renombrados del mundo, ofrece un ejemplo prominente en este campo. Él aboga por el uso del análisis fundamental para valorar empresas y encontrar oportunidades de inversión. Este método de invertir en valores que están a un precio bajo es conocido como value investing, o inversión en valor, y es una filosofía de inversión creada por Benjamin Graham, analista financiero e inversor inglés nacido en Estados Unidos, quien además de establecer los fundamentos de este método, escribió algunos de los libros más destacados sobre la inversión.

Aunque se pueden encontrar partidarios y detractores de cada tipo de análisis, es importante considerar ambos e incluso combinar los diferentes principios del análisis fundamental y técnico para tomar decisiones basadas en una mayor cantidad de información, aprovechando las fortalezas de cada tipo y compensando sus debilidades. Por ejemplo, se puede empezar midiendo el valor intrínseco de un activo a través del análisis fundamental, evaluando los estados financieros, las tendencias del mercado y otros factores cualitativos y cuantitativos. Posteriormente, se puede aplicar un análisis técnico que ayude a identificar los puntos óptimos de entrada y salida, lo que implica estudiar gráficos de precios, patrones y otros indicadores de mercado. Este enfoque proporciona una comprensión más completa de un activo o mercado.

3.5 OTRAS FORMAS DE GANAR DINERO EN EL UNIVERSO CRIPTO

Minería de Bitcoin

Como sabemos, la generación de bitcoins depende del proceso de validar la información en un bloque de blockchain mediante la generación de una solución criptográfica que cumpla con criterios específicos. Este trabajo es realizado por los mineros, quienes reciben una recompensa. Esta recompensa consta de dos partes: los nuevos bitcoins que se crean con cada bloque y las tarifas que pagan los usuarios por realizar transacciones en la red.

Este trabajo y su recompensa son actividades atractivas para muchos, y por ello la cantidad y la intensidad del trabajo de los mineros ha aumentado considerablemente desde la creación de bitcoin, convirtiéndose en una labor cada vez más competitiva.

Al mismo tiempo, la cantidad de bitcoins recompensados a los mineros está programada para reducirse con el tiempo a través del proceso del halving, como vimos en el primer capítulo. El halving consiste en la reducción a la mitad de la cantidad de bitcoins recibidos por cada bloque validado por los mineros.

Las cantidades recompensadas en el pasado fueron las

siguientes:

- 50 bitcoins en 2009
- 25 bitcoins en 2012
- 12.5 bitcoins en 2016
- 6.25 bitcoins en 2020
- 3.125 bitcoins en 2024

A pesar de ello, teniendo en cuenta el crecimiento desmesurado del precio de cada bitcoin, el incentivo monetario para minar la criptomoneda sigue siendo altamente atractivo.

Una vez conocidos los incentivos económicos para minar bitcoin, el siguiente paso a considerar es lo que se necesita para realizar el trabajo. En los primeros años de vida de bitcoin, cualquier persona podía utilizar software en su ordenador y empezar a minar de inmediato, algo que no es posible en la actualidad.

Lo primero que hay que tener en cuenta es que para minar bitcoin es necesario adquirir un dispositivo de Circuito Integrado de Aplicación Específica, conocido como ASIC. Un ASIC es un tipo de circuito integrado personalizado y adaptado para realizar una tarea muy específica, a diferencia de los chips conocidos como CPUs, que se encuentran en ordenadores o móviles y permiten realizar una amplia variedad de tareas sin necesidad de cambiar el chip o su configuración para cada una.

Por ejemplo, una tarjeta gráfica puede considerarse un ASIC, ya que está especializada en tareas gráficas de la computadora, liberando así a la CPU de estas tareas y ofreciendo un rendimiento mucho más eficiente y rápido debido a su dedicación exclusiva a las tareas de video.

Estos dispositivos son utilizados para minar bitcoin y son muy eficientes. Tanto es así que cuando aparecieron en 2013, dejaron obsoletos a todos los demás dispositivos para la minería de bitcoin. A pesar de ello, teóricamente se podrían usar otros dispositivos más comunes como CPUs, GPUs o FPGAs, pero el ritmo computacional sería tan lento que no sería rentable hacerlo. Como referencia, la mejor tarjeta gráfica disponible justo antes del auge de los ASICs, la AMD 7970, producía 800 millones de hashes por segundo. En la actualidad, un ASIC medio produce 100 billones de hashes por segundo, lo que representa no solo una diferencia de 100 veces más o incluso de 1,000 veces más, sino de 125,000 veces más.

Después de adquirir la maquinaria física, se debe descargar y configurar el software de minería adecuado. CGMiner, BFGMiner y BitMinter son algunos ejemplos de software de minería. Una vez configurados, es crucial supervisar la eficiencia de la operación, asegurándose de que el hardware esté adecuadamente alimentado y ventilado.

Invertir en este tipo de maquinaria y ponerla en marcha no es tan complicado como podría parecer, pero hay que tener en cuenta ciertas consideraciones. Uno de los primeros aspectos a considerar es la viabilidad en cuanto al tiempo necesario para amortizar la inversión inicial que conlleva este tipo de maquinaria. Si calculamos los costes y beneficios potenciales del proyecto, podemos estimar el tiempo necesario para recuperar los gastos iniciales y comenzar a generar beneficios. Este tiempo puede variar dependiendo de varios factores, pero para un minero en solitario que trabaje desde casa, puede llevar muchos años comenzar a obtener ganancias.

Por este y otros motivos, la minería en grupo es la opción más popular y práctica para la mayoría de los participantes. En estas agrupaciones, conocidas como minería de pools, los individuos se unen a un grupo colectivo en el que se utiliza su capacidad de procesamiento combinada. Los bloques son resueltos por el grupo de minería en su conjunto y las recompensas se distribuyen según la potencia computacional de los miembros individuales del grupo. Aunque los incentivos son menores que los de la minería en solitario, la minería en grupo reduce la volatilidad de las ganancias y la convierte en una opción más confiable para que los mineros reciban recompensas.

Uno de los factores principales en la rentabilidad de la minería es el coste de la electricidad, el cual puede variar enormemente de un país a otro. Según un análisis de CoinGecko publicado en septiembre de 2023, como minero en solitario, se requiere un promedio de 266,000 kilovatios/hora (kWh) de electricidad para minar un solo bitcoin, proceso que tardaría aproximadamente siete años en completarse, demandando un consumo eléctrico mensual de unos 143 kWh. Según estos datos, los costes de electricidad en dólares americanos derivados de minar un bitcoin en diferentes países serían los siguientes:

- Italia: 208,560

- Australia: 184,350

- Alemania: 163,330

- Japón: 64,110

- USA: 46,280

- Corea del Sur: 29,000

- México: 26,340

- Ecuador: 25,540

- India: 21,020
- China: 19,950
- Rusia: 14,900
- Argentina: 9,040
- Nigeria: 7,710
- Líbano: 260

El consumo de energía requerido por bitcoin es elevado, aunque si lo comparamos con el gasto energético de algunos aparatos eléctricos comunes en cualquier hogar, podemos ver que no es extraordinario. Según el análisis de CoinGecko, esta sería la comparación del consumo eléctrico medio, expresado en kWh, de diferentes aparatos domésticos con la minería de bitcoin durante 1 hora:

- Secadora de ropa: 5
- Minería de bitcoin: 4.6
- Hervidor de agua: 3.5
- Soplador de hojas de jardín: 2.5
- Aire acondicionado: 1.5
- Lavadora: 1.5
- Ordenador portátil: 0.12
- Pantalla LED de 37 pulgadas: 0.07

La minería de bitcoin es un negocio atractivo que ha alcanzado proporciones industriales. Además de los mineros individuales y los colectivos, la actividad está creciendo hacia la industrialización. En todo el mundo, los mineros están creando plantas y hangares enteros donde miles de tarjetas GPU se ensamblan en granjas gigantes con capacidades inmensas. Algunas empresas reutilizan antiguas plantas e invierten millones de dólares en la construcción de infraestructuras para la minería, mientras que los grandes jugadores desarrollan métodos más sofisticados para reducir los costes de energía y aumentar la productividad de los equipos.

Existen mega granjas de minería de bitcoin en varias partes del mundo.

Dave Carlson, exingeniero de software de Microsoft, comenzó a minar con una GPU ordinaria y ahora posee la granja minera más grande de América del Norte. Fundada en el sótano de su propia casa en 2012, la empresa MegaBigPower, que más tarde pasó a llamarse GigaWatt, se convirtió rápidamente en un negocio multimillonario.

China es uno de los países donde existe una extensa actividad minera. Esto es facilitado por ciertos factores. Uno de ellos es la presencia de numerosas plantas para la fabricación de tarjetas de video y mineras ASIC, lo que permite a los mineros comprar equipos a precios más bajos. Además, las condiciones laborales del país permiten a estas mega granjas tener unos costes de mano de obra muy convenientes para los propietarios.

Otro factor muy importante es el precio de la electricidad, uno de los más baratos en relación con otros países, a lo que se suma la decisión del gobierno chino de fomentar la producción industrial de criptomonedas, reduciendo el precio del consumo de electricidad para los propietarios oficiales de dichas granjas.

Génesis Mining es otra de las grandes granjas de minería en

el mundo. Localizada inicialmente en Bosnia y China, en la actualidad su actividad se concentra en Islandia y Canadá. El clima frío, combinado con los bajos precios de la electricidad, hace que estos países sean interesantes para la minería.

Aunque la finalidad lucrativa de la minería pueda ser el principal motivo de la industria, también hay quienes se dedican a ello animados por otras razones, o al menos así lo afirma Guido Rudolphi, propietario de la granja minera más grande de Suiza, en el pequeño pueblo de Linthal. Insiste en que el beneficio financiero no es decisivo para él y que, en su opinión, el mundo necesita más bitcoin por razones políticas.

Airdrops

El término "airdrop" proviene del método de lanzar suministros o información desde el aire hacia un lugar específico. Se puede pensar en los lanzamientos de ayuda humanitaria o suministros en zonas de guerra, donde el material se deja caer desde aviones en áreas necesitadas.

Tomando esta imagen como base, un airdrop de criptomonedas consiste en la distribución gratuita de tokens o criptomonedas a un gran número de personas.

Estos airdrops son a menudo utilizados como estrategia de marketing en proyectos de criptomonedas para crear conciencia, fomentar la adopción y recompensar a los miembros de una comunidad. El lanzamiento de un airdrop ayuda a generar expectación e interés en un proyecto. Al distribuir tokens gratuitos se atrae la atención, se estimula la actividad en la cadena y se contribuye a construir una comunidad de usuarios e inversores potenciales.

Además, estas tácticas ayudan a distribuir los tokens de manera justa, asegurando que el suministro inicial se reparta entre un gran número de personas en lugar de concentrarse en manos de unos pocos inversores iniciales. Esto puede favorecer un ecosistema más equilibrado y descentralizado.

Cuando se realiza un airdrop, el equipo del proyecto establece los criterios de elegibilidad para que personas y otros participantes puedan recibirlo. Estos criterios pueden variar según el tipo de airdrop.

Por ejemplo, los airdrops de recompensas implican la distribución de tokens gratuitos a personas que realizan actividades promocionales específicas, como compartir publicaciones en redes sociales, unirse a grupos de Telegram o recomendar amigos al proyecto. Este tipo de airdrops de recompensas se utilizan principalmente para promocionar nuevos proyectos de criptomonedas o blockchain, con el objetivo de crear conciencia y generar interés entre los usuarios potenciales.

En un airdrop exclusivo, los proyectos envían sus tokens solo a billeteras específicas. Por lo general, los beneficiarios tienen un historial establecido con el proyecto, como ser miembros activos de la comunidad. Esto puede implicar haber utilizado los servicios de la plataforma del proyecto, por ejemplo, realizar transacciones en un exchange descentralizado, como comprar o intercambiar monedas.

Para aquellos que encuentran tedioso realizar actividades

promocionales, como inscribirse en redes sociales, compartir enlaces promocionales o utilizar plataformas, también existen airdrops que no requieren estas acciones. Estos airdrops recompensan a las personas que ya tienen una criptomoneda específica en su billetera y solo necesitan mantenerla. Estos airdrops están diseñados como un gesto de buena voluntad para aumentar la lealtad y el compromiso de los usuarios.

Debido a la facilidad para obtener criptomonedas gratuitas, que es esencialmente dinero gratis, la idea de participar en airdrops se ha vuelto muy popular. Sin embargo, los criterios de participación no siempre se comunican de antemano, lo que puede hacer que la participación en un airdrop sea complicada o incierta para muchos. Afortunadamente, se puede encontrar mucha información en redes sociales sobre nuevos proyectos, próximos airdrops y los posibles criterios requeridos.

Uno de los pasos fundamentales para poder participar en un airdrop es tener un wallet, ya que la dirección de esta billetera es la que quedará registrada para la participación y donde se recibirán las futuras recompensas. El wallet escogido debe ser compatible con el token a recibir.

Una vez identificada la oportunidad de un posible airdrop, que frecuentemente son proyectos exitosos sin un token propio, es conveniente investigar un poco sobre el proyecto detrás y verificar los posibles requisitos del programa.

Generalmente, no es necesario invertir una gran cantidad de tiempo para cumplir con las tareas o requisitos necesarios para recibir estas recompensas. Por otro lado, es común que la cantidad de tokens que se reciban al final del airdrop dependa de un sistema de puntos, que se incrementan en función de la actividad o interacciones que hayamos tenido con el proyecto. En programas donde los requisitos consisten en simplemente mantener una moneda, la recompensa final dependerá del volumen y el tiempo que se hayan mantenido dichas monedas.

Aunque se menciona que los airdrops son gratuitos, la participación en algunos proyectos puede tener ciertos costes. Aunque estos gastos no suelen ser elevados, es importante tener en cuenta su existencia, ya que pueden sumarse significativamente si se realizan múltiples acciones.

También es crucial ser consciente de los riesgos potenciales que conllevan los airdrops. Los estafadores a menudo imitan proyectos populares o lanzan airdrops falsos para robar información personal o vaciar billeteras. Por lo tanto, es fundamental examinar la legitimidad del programa visitando el sitio web oficial del proyecto, sus cuentas de redes sociales o los foros relacionados.

Una vez iniciado el período de distribución del airdrop, es necesario seguir las instrucciones proporcionadas por el proyecto para reclamar los tokens. Esto puede implicar firmar un mensaje con tu wallet, proporcionar la dirección de tu billetera o completar pasos de verificación adicionales.

Una vez recibidos los tokens, es decisión propia decidir qué hacer con ellos: mantenerlos, utilizarlos dentro del ecosistema del proyecto o venderlos.

Redes sociales

Es probable que si mencionamos la palabra criptomonedas o

Bitcoin, casi cualquier persona pueda saber de qué estamos hablando, aunque tal vez no sepa muy bien qué son o para qué sirven. En sus inicios, hasta hace relativamente pocos años, esto no era así, y los pocos que sabían sobre criptomonedas eran desarrolladores. En la actualidad, hablar de Bitcoin y las criptomonedas es mucho más común.

Uno de los motivos del aumento de la popularidad, y probablemente del precio, de las criptomonedas es, sin duda, el vínculo entre estas y las redes sociales.

Desde sus comienzos, para promover Bitcoin, Nakamoto creó una lista de correo electrónico con 2,000 suscriptores y se volvió activo en foros como Bitcointalk. Como vimos en el capítulo 1, la primera transacción de Bitcoin ocurrió en 2010 a través de Bitcointalk, cuando el usuario Laszlo Hanyecz compró las dos famosas pizzas por 10,000 bitcoins.

Uno de los mayores obstáculos a los que se enfrentan las criptomonedas y otras tecnologías blockchain es educar a los potenciales usuarios. El blockchain y las criptomonedas no son los conceptos más fáciles de entender, por lo que las redes sociales han jugado un papel importante en la forma en que estas tecnologías se comercializan. Muchos de estos proyectos crean salas de chat, canales de Slack, subreddits, foros, etc., para mantener informados y conectados a sus comunidades, publicando regularmente en estos canales sociales abiertos e invitando a la gente a unirse.

No solo los proyectos de criptomonedas son responsables del aumento de la popularidad en las redes sociales. Los exchanges también participan activamente con sus audiencias mediante contenido educativo, noticias y actualizaciones sobre el universo cripto.

Por su parte, la comunidad de criptomonedas está ávida por mantenerse informada sobre los acontecimientos y tendencias actuales. Los usuarios están ansiosos por cualquier actualización en este universo.

Por todo ello, existe una gran audiencia que demanda contenido relacionado con las criptomonedas, y con los incentivos de monetización que ofrecen muchas plataformas de redes sociales, también existen grandes oportunidades de lucro para aquellos que las buscan.

Entre las redes sociales tradicionales más populares para los entusiastas de las criptomonedas se encuentran X (anteriormente Twitter), Reddit y Youtube, que ofrecen programas de monetización para creadores. Esto significa que estas plataformas pagan a los usuarios que crean contenido y generan interés entre otros usuarios.

Además de las redes sociales tradicionales, existe un número creciente de plataformas de redes sociales basadas en blockchain que también recompensan a sus usuarios.

Mamby es una red social impulsada por inteligencia artificial que representa la nueva era de las redes sociales con la intención de eliminar las noticias falsas. Mamby recompensa a los usuarios que publican contenido de alta calidad. Gracias a la IA, a los consumidores solo se les muestra el contenido que les interesa. Además, la plataforma no recompensa a sus usuarios con sus propios tokens, como es común en otras plataformas de redes sociales centradas, sino que Mamby recompensa a sus productores de contenido con bitcoin, lo cual es mucho más atractivo.

Otra plataforma que permite la monetización de contenidos es Honest, construida sobre el blockchain de Bitcoin Cash. Lanzada en 2018 con el objetivo de recompensar a los creativos y pensadores libres por su contenido escrito, Honest es un gran lugar para participar en discusiones sobre criptomonedas, arte, economía y diferentes tecnologías. A los creadores de contenido en el sitio se les paga con bitcoin según la cantidad de votos positivos que recibe un contenido.

Steemit es un sitio web de blogs y redes sociales donde los usuarios pueden obtener la criptomoneda STEEM por publicar y curar contenido. A diferencia de la mayoría de las plataformas incentivadas basadas en blockchain, Steemit también recompensa a sus usuarios por comentar las publicaciones o incluso por votar a favor de otras publicaciones.

Construido sobre la cadena de bloques Steem, DTube es el equivalente descentralizado de YouTube. La plataforma utiliza un sistema que la hace resistente a la censura. Esencialmente, el poder de censurar o promocionar cualquier video está en manos de los usuarios a través de votos positivos y negativos. Esta plataforma de redes sociales tiene un gran enfoque en el contenido visual y permite a los usuarios cargar, comentar, compartir y ver videos mientras ganan criptomonedas.

Appics es una aplicación de redes sociales basada en blockchain que recompensa a sus usuarios por el tiempo que pasan en el sitio con el token APX. El token APX recompensa tanto a las marcas como a los influencers individuales por sus contribuciones a la plataforma.

Ya sea a través de las redes sociales tradicionales o los múltiples proyectos emergentes basados en la cadena de bloques, las posibilidades de monetización por la creación de contenidos o el simple uso de las plataformas abundan en este rincón del universo cripto.

En este espacio hay trabajo para todos los gustos, desde aquellos expertos en temas concretos que pueden generar contenidos de alta calidad para su audiencia, hasta aquellos que se dedican a publicar o compartir memes, videos e imágenes graciosas, satíricas u ofensivas para una sociedad global que cada vez pasa más tiempo de su vida mirando lo que le ofrece su pantalla.

CAPÍTULO 4 INTRODUCCIÓN AL ANÁLISIS TÉCNICO DE MERCADOS FINANCIEROS

4.1 COMENZANDO A HACER TRADING

Hacer trading con criptomonedas ofrece una oportunidad extraordinaria para alcanzar la independencia financiera, lo que implica poder vivir cómodamente sin depender de un trabajo. Para lograr este objetivo, es necesario obtener ingresos pasivos o disponer de un capital suficiente para mantenerse durante el resto de la vida.

Para aquellos que ya tienen un capital significativo, es probable que solo necesiten invertir en criptomonedas para alcanzar este objetivo. Sin embargo, considerando que la mayoría de las personas no poseen grandes capitales y solo disponen de modestos ahorros o parte de su sueldo para arriesgar en proyectos de alto riesgo, hacer trading ofrece una vía interesante para aumentar su patrimonio.

Una de las preguntas más frecuentes que he escuchado de quienes dudan en invertir en este mercado es sobre la cantidad mínima necesaria para comenzar, con la idea prevalente de que se requiere mucho dinero para obtener buenos beneficios. Obviamente, cuanto mayor sea el capital inicial, más rápido puede crecer. No obstante, cualquier cantidad de dinero es válida para comenzar a invertir. Algunos pueden destinar 100 euros, otros 1000, otros 10 mil, etc., pero lo importante es dar el primer paso que nos pondrá en marcha.

Incluso podría considerarse mejor comenzar con un capital reducido, ya que es más seguro aprender arriesgando poco dinero, dado que las probabilidades de pérdida son mayores cuando somos inexpertos que cuando ya hemos vivido varios ciclos del mercado.

Esto hace que la entrada al mercado de las criptomonedas sea altamente accesible para cualquier persona, independientemente de su situación monetaria. Además, el análisis técnico necesario para hacer trading no es excesivamente complicado y se puede aprender con relativa rapidez. Más bien, diría que es monótono y repetitivo. En mi opinión, hacer trading de manera eficaz requiere principalmente dos características: la capacidad de seguir consistentemente reglas de manera automatizada y un fuerte control emocional.

Si logramos mantener estas capacidades, disfrutar de un poco de suerte y tener éxito haciendo trading, podremos ver cómo nuestro capital aumenta progresivamente.

En este capítulo, entraremos en el mundo del análisis técnico y mostraremos algunos pasos básicos para comenzar a aprender a hacer trading e invertir en el mercado de las criptomonedas.

Cuando comencé a dar mis primeros pasos como inversor/trader, pedí consejo a mi amigo nerd, quien ya tenía más experiencia en el universo cripto. Desafortunadamente, mi amigo no era excesivamente articulado en sus explicaciones, a pesar de sus buenas intenciones, lo cual me llevaba a estar más confundido y, por consiguiente, a recibir más explicaciones poco claras. Esto no me ayudó a aclarar mucho mis ideas.

Una vez agotada la carta del amigo nerd, la siguiente opción fue buscar información en internet. Esto me abrió un universo de blogs, plataformas, redes sociales y artículos relacionados con Bitcoin y las criptomonedas. En tal infinidad de información, la falta de un mapa claro y ordenado para navegar puede hacer el camino enmarañado e innecesariamente largo. Como consecuencia, mis primeros pasos como trader los emprendí sin entender realmente el proceso en profundidad, y fueron poco fructuosos en realidad.

Al mirar hacia atrás y ver los errores cometidos, uno se da cuenta de lo fácilmente que podrían haberse evitado. Aunque esto forma parte del aprendizaje y cada individuo tiene formas diferentes de aprender, creo que este proceso se puede aprovechar mejor cuando alguien que ya ha pasado por ello te indica algunas partes fundamentales. Es por ello que aquí enumero algunos conceptos que considero fundamentales y que pienso que me habrían ayudado mucho si los hubiera tenido claros y estructurados desde el principio.

La primera tarea como trader será familiarizarse con dos interfaces que utilizaremos constantemente y, por lo tanto, debemos manejar con fluidez:

1. La primera será nuestra herramienta principal para realizar el análisis técnico, en este caso utilizaremos la plataforma Tradingview.

2. La segunda interfaz que debemos dominar será la de un exchange donde podemos ejecutar nuestras órdenes de compra, venta y otras operaciones. Para nuestros ejemplos, utilizaremos el exchange de Binance.

Existen muchas otras opciones alternativas que podrían usarse en lugar de estas dos plataformas, y cada usuario puede investigar y elegir la que mejor se adapte a sus gustos y necesidades. En cualquier caso, las opciones y herramientas disponibles son generalmente las mismas en casi todas las plataformas, por lo que aprender el funcionamiento de una nos servirá para desenvolvernos en otras.

Tradingview es una plataforma de análisis y redes sociales para traders e inversores. Aquí podemos ver gráficas y usar herramientas para realizar nuestro análisis técnico. Además, hay una gran comunidad con la que podemos conectar y compartir ideas con otros que están en este sector.

Abrir una cuenta básica en Tradingview es gratuito y da acceso a una gran cantidad de utilidades con las que uno puede dedicarse al trading perfectamente. Con el tiempo, es posible que uno desee ampliar los servicios ofrecidos en la plataforma y convertirse en un miembro de pago.

En la imagen 12 se muestra el interfaz de Tradingview, donde se puede ver la gráfica del par BTC/USD (Bitcoin medido contra el dólar estadounidense) entre los meses de marzo y junio de 2024. Este es el aspecto predefinido, pero se puede modificar según nuestros gustos.

Imagen 12. Interfaz de Tradingview. Fuente: Tradingview

La parte central del interfaz muestra la gráfica de la evolución del precio de Bitcoin. Observaremos muchas líneas verticales de color verde y rojo que representan el movimiento del precio. En el eje horizontal inferior aparece el tiempo o la fecha, y en el eje vertical del margen derecho se muestra el precio en dólares.

En la parte superior de la gráfica encontramos el título "Bitcoin/TetherUS", seguido de "1D", indicando que cada línea verde o roja representa un día, y la palabra "Binance", que señala el exchange donde ocurre esta actividad de precio.

En la barra superior hay varios elementos, como la denominación del par que estamos analizando, el horizonte temporal, el tipo de gráfico, un menú con indicadores y otras opciones como configuración de alertas, guardar y publicar.

En el lateral izquierdo hay un menú con herramientas para

medir, dibujar, añadir notas y otras opciones.

Finalmente, en el lado derecho tenemos dos secciones: en la parte superior podemos crear una lista de pares que nos interesan para acceder rápidamente a ellos, y en la inferior encontramos información más detallada sobre el par o elemento que estamos analizando.

Aunque al principio pueda parecer complicado, simplemente es cuestión de jugar con las opciones, hacer clic y explorar el entorno. Con un manejo fácil e intuitivo, en poco tiempo nos sentiremos cómodos usando esta herramienta.

El segundo interfaz que debemos dominar es el del exchange que utilicemos. En el capítulo 3 comenzamos a ver qué son las stablecoins, la billetera FIAT y SPOT, y las operaciones básicas para comprar y vender usando las opciones de market, limit y stop-limit. En este capítulo exploraremos los mercados de futuros y otros conceptos como el apalancamiento, el margen y el stop loss.

La mayoría de los exchanges ofrecen herramientas similares para ver las gráficas y realizar análisis directamente en su plataforma. Esto puede ser útil porque tenemos la gráfica junto a la pantalla donde ejecutamos las órdenes de compra y venta, además de configurar otras operaciones, aunque el análisis principal se realiza generalmente de manera más cómoda en Tradingview.

Una vez familiarizados con el uso de estas dos interfaces, estaremos listos para comenzar nuestro análisis técnico.

4.2 VELAS Y FORMACIÓN DE GRÁFICAS

Como vimos en el capítulo anterior, los traders pueden elaborar estrategias y tomar decisiones basándose en diferentes tipos de análisis, específicamente el análisis técnico y el análisis fundamental.

Si bien ambos son beneficiosos para cualquier inversor o trader, se podría argumentar que el análisis fundamental es más adecuado para aquellos que buscan hacer inversiones o trades con un horizonte temporal prolongado, mientras que el análisis técnico es más conveniente para aquellos que operan con mayor frecuencia y en períodos más cortos.

Por lo tanto, el primer paso más obvio para comenzar a hacer trading es familiarizarse con las nociones básicas del análisis técnico.

Gráficas de precios

Las gráficas de precios representan la evolución del precio de un activo financiero a lo largo del tiempo y son el elemento principal para elaborar nuestro análisis técnico. Se pueden utilizar diferentes tipos de gráficos que simbolicen unidades de tiempo, como barras, líneas, puntos, figuras, velas, etc. Entre los elementos más comunes se encuentran las velas japonesas.

Velas japonesas

La vela japonesa, conocida como "Japanese candlestick" en inglés, está compuesta por:

- Cuerpo de la vela: Muestra el precio de apertura y cierre de la unidad de tiempo seleccionada. Si consideramos un período diario, uno de los extremos del cuerpo de la vela indica el precio de apertura del día y el otro extremo indica el precio de cierre del día.

- Sombra o mecha: Es una línea vertical que se extiende desde el cuerpo de la vela. Hay dos mechas: la superior indica el precio máximo alcanzado durante ese período y la inferior indica el precio mínimo.

El color de la vela generalmente es verde si el precio de cierre es mayor que el precio de apertura, y rojo si el precio de cierre es menor que el precio de apertura. Sin embargo, estos colores pueden configurarse según preferencias individuales.

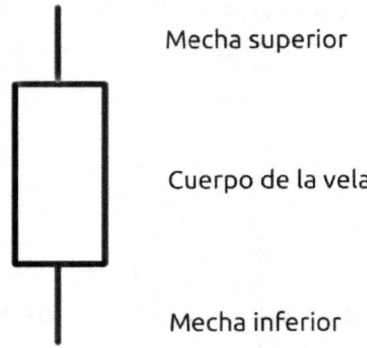

Imagen 13. Vela japonesa. Fuente: Creación del autor

La longitud del cuerpo de cada vela y sus mechas variará según la evolución del precio, pudiendo adoptar diversas formas. Muchas de estas configuraciones, así como los conjuntos de velas que se forman, tienen nombres específicos y suelen interpretarse de diversas maneras. Por ejemplo, una vela con una mecha inferior larga y un cuerpo pequeño se conoce como "martillo".

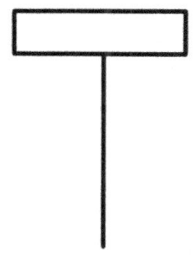

Imagen 14. Vela martillo. Fuente: Creación del autor

Este tipo de velas nos muestra que hubo presión de ventas que empujó el precio hacia abajo, pero luego se recuperó para volver a subir. Esto podría interpretarse como una lucha entre vendedores y compradores, donde finalmente los compradores prevalecieron y el precio continuó al alza. Exactamente lo contrario ocurre con el martillo invertido, donde la mecha larga está en la parte superior, indicando que los vendedores tomaron el control.

Otro ejemplo es la vela envolvente, que se forma cuando el cuerpo de una vela es más grande que la vela inmediatamente anterior, cubriendo completamente su cuerpo. Si la vela anterior fue roja y la nueva vela envolvente es verde, se le llama envolvente alcista, lo cual suele interpretarse como una señal de fortaleza y puede sugerir una oportunidad de compra. Lo contrario sucede cuando la primera vela es verde y la segunda roja, conocida como vela envolvente bajista.

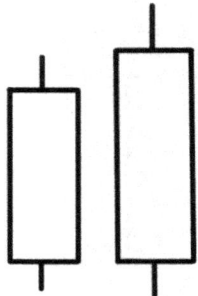

Imagen 15. Vela envolvente alcista. Fuente: Creación del autor

Como estos ejemplos, existen muchos otros tipos de velas y patrones diferentes. Su interpretación es subjetiva y tienen poco valor cuando se usan de manera aislada, pero combinados con otros elementos pueden ayudar a clarificar la situación. Por lo tanto, cada trader deberá evaluar su utilidad y decidir qué elementos incorporar a su estrategia de análisis.

Una vez consideradas las velas individualmente, es importante observar la formación continua de estas, que es lo que genera las gráficas. En la imagen 16 podemos apreciar la evolución del precio de bitcoin durante mayo de 2024, donde el precio varió desde alrededor de 58,000 dólares al inicio del mes hasta aproximadamente 68,000 dólares al final. Cada vela representa el precio de 24 horas, y se van formando una al lado de otra, creando una sucesión continua de velas. Son de color verde cuando el precio al inicio del día es mayor que el precio al final del día, y rojo cuando es menor.

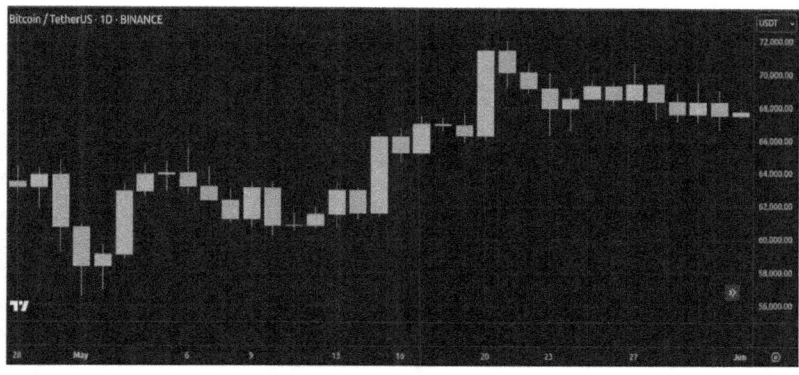

Imagen 16. Precio de Bitcoin durante mayo
de 2024 (1D). Fuente: Tradingview

Estamos tomando cada vela como el transcurso de un día, pero
la representación de cada vela puede reflejar cualquier unidad
de tiempo, ya sean días, horas, minutos, semanas, meses, etc.,
o cualquier combinación de estas unidades. La elección de
la unidad de tiempo para cada vela dependerá del horizonte
temporal con el que se esté analizando la gráfica de precios.

Por ejemplo, para alguien que piensa invertir a largo plazo, es
más probable que utilice gráficas donde cada vela represente 1
día, 1 semana o 1 mes, mientras que un trader que busca operar
intradía seguramente esté mirando gráficas con velas de 5
minutos, 15 minutos, 1 hora o 4 horas. Dependiendo del período
de tiempo elegido, la gráfica mostrará un aspecto diferente.

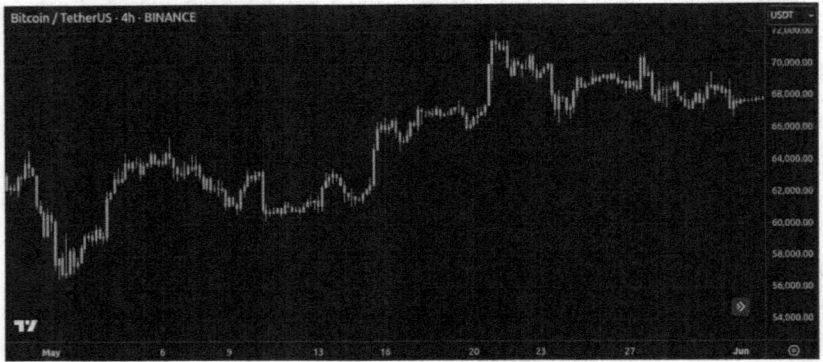

Imagen 17. Precio de Bitcoin durante mayo
de 2024 (4H). Fuente: Tradingview

La imagen 17 muestra la misma gráfica del precio de bitcoin durante mayo de 2024 que la imagen 16, pero con velas de 4 horas en lugar de 1 día. Esto permite observar con más detalle la evolución del precio durante ese mes, ya que ahora hay seis velas por día en lugar de una sola.

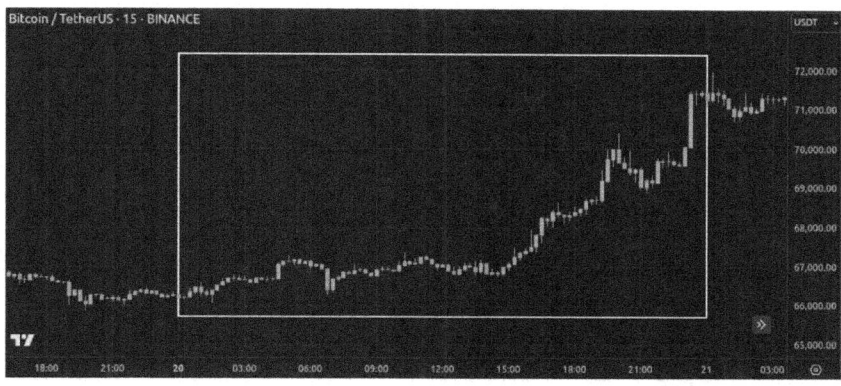

Imagen 18. Precio de Bitcoin durante el 20 de mayo
de 2024 (15min). Fuente: Tradingview

Supongamos ahora que queremos analizar específicamente lo
que ocurrió un día concreto, por ejemplo el 20 de mayo. En la
imagen 18 se muestra la gráfica de 15 minutos de ese día en
particular.

Se ha añadido un recuadro para enfocar la atención en el período
de interés, mostrando cómo se desarrollaron las 24 horas de ese
día. En este caso, cada vela representa un lapso de 15 minutos.
Donde antes veíamos una sola vela alargada que cubría todo el
día, ahora podemos observar 96 velas que detallan qué ocurrió
minuto a minuto durante ese día.

Aunque las velas japonesas son ampliamente utilizadas entre
los traders de criptomonedas, también es común emplear
otros elementos para representar la evolución del precio, como
gráficos de barras, líneas y otros tipos de velas.

Gráfico de barras

La representación del precio de un día se refleja a través de una barra. Cada una de estas nos indicará cuatro precios:

- Precio de apertura del día: Representado por una pequeña línea horizontal en el lado izquierdo de la barra.

- Precio de cierre del día: Indicado por una pequeña línea horizontal en el lado derecho de la barra.

- Precio máximo del día: Representado por el extremo superior de la barra.

- Precio mínimo del día: Representado por el extremo inferior de la barra.

Al igual que con las velas japonesas, el color de la barra será verde en general si el precio al cierre del día es mayor que el precio de apertura, y rojo si el precio al cierre del día es menor que el de apertura.

La imagen 19 muestra el precio del mismo par BTC/USD en el mismo período de tiempo, mayo de 2024, pero representado con barras en lugar de velas japonesas.

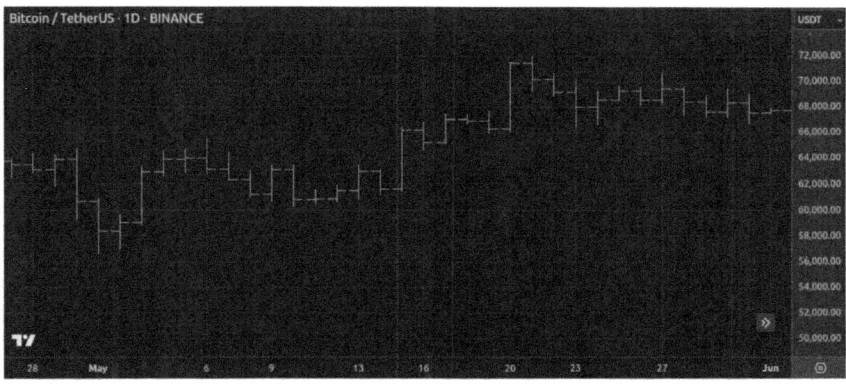

Imagen 19. Precio de Bitcoin durante el 20 de mayo
de 2024 (1D) con barras. Fuente: Tradingview

Gráfica de líneas

Es un tipo de gráfica más básico que las gráficas de velas o
de barras, ya que proporciona menos información al centrarse
únicamente en el valor de cierre del período de tiempo
seleccionado. La gráfica de líneas conecta los valores del precio al
cierre de cada día, trazando así una línea continua.

A pesar de ofrecer menos detalles, esta gráfica permite observar
con claridad y rapidez la tendencia del mercado. Personalmente,
encuentro muy práctico su uso para trazar líneas de tendencia,
identificar soportes, resistencias y otros patrones técnicos. Al
no tener las sombras de las velas o las barras intermedias, los
puntos clave se visualizan de manera más clara.

La imagen 20 muestra el mismo par y período de tiempo que
hemos visto en los casos anteriores, pero utilizando líneas.

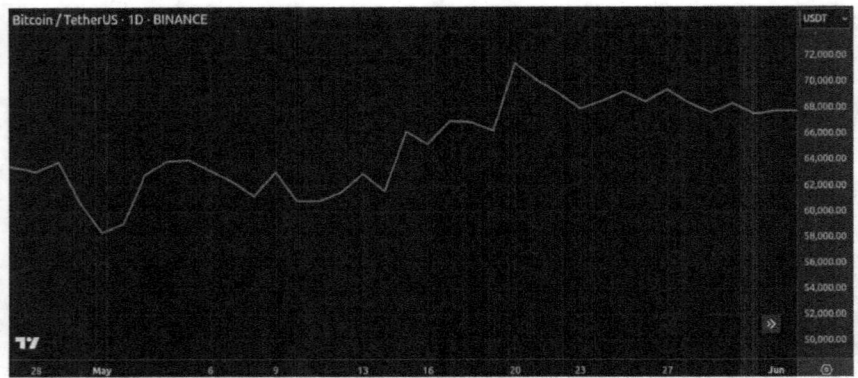

Imagen 20. Precio de Bitcoin durante el 20 de mayo
de 2024 (1D) con líneas. Fuente: Tradingview

Velas Heiken Ashi

Este tipo de elemento es visualmente similar a las velas
japonesas, pero está formado mediante un cálculo diferente, lo
que nos ofrece otra perspectiva de la gráfica. Las velas no solo se
calculan con los datos del día actual, sino que también tienen en
cuenta los datos del día anterior. Esto "suaviza" el ruido de las
fluctuaciones del precio y nos proporciona una visión más clara
de las tendencias.

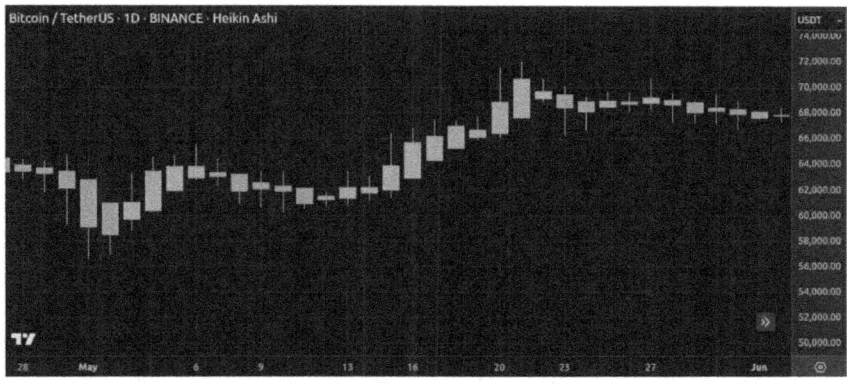

Imagen 21. Precio de Bitcoin durante el 20 de mayo de 2024 (1D) con velas Heiken Ashi. Fuente: Tradingview

La imagen 21 muestra nuevamente la misma gráfica que las anteriores, pero con velas Heiken Ashi. Aunque a primera vista pueda parecernos igual que las velas japonesas, si observamos con atención, podremos ver algunas diferencias, siendo la más notable el cambio en los colores de las velas.

Podremos notar un mayor número de velas del mismo color agrupadas, donde antes había más velas de diferentes colores intercaladas. Esto facilita la identificación de la dirección en la que se mueve el precio, algo crucial en el trading, lo que denominaremos la tendencia.

4.3 LA TENDENCIA ES TU AMIGA

Cuando observamos las gráficas, podemos notar que el precio no suele moverse en línea recta, sino que se mueve arriba y abajo constantemente, formando zigzags y creando picos y valles. Estos picos y valles también se conocen por sus términos en inglés, highs (máximos) y lows (mínimos).

Generalmente se dice que el precio se mueve en tres direcciones: al alza, a la baja y lateralmente o en rango. Cuando los highs y lows son cada vez más altos uno respecto al otro, se considera que la tendencia es alcista. Por otro lado, si estos highs y lows son cada vez más bajos que los anteriores, se dice que la tendencia es bajista. En caso contrario, cuando no hay una tendencia clara hacia arriba o hacia abajo, se dice que el mercado está moviéndose lateralmente o en rango.

En la Imagen 22 podemos observar el precio de bitcoin durante los meses de junio y julio de 2023 en un gráfico de 4 horas. Para una mayor claridad, utilizaremos un gráfico de líneas en lugar de velas.

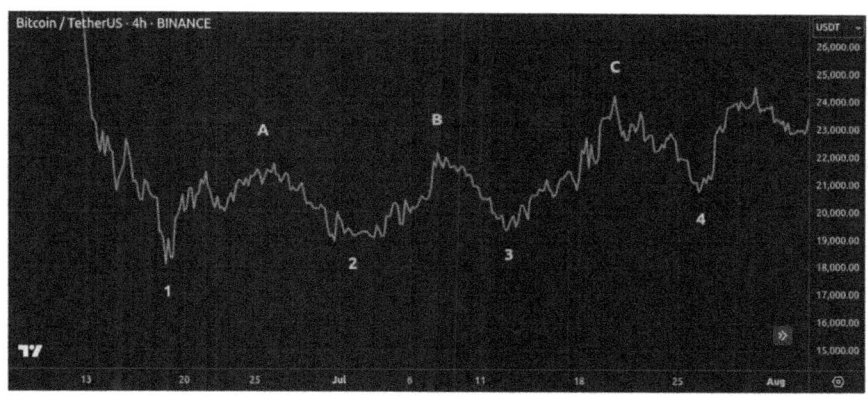

Imagen 22. Precio de Bitcoin durante junio y
julio de 2023 (4H). Fuente: Tradingview

Podemos afirmar que la tendencia es alcista porque los lows, indicados con los números 1-4, son cada vez más altos que los anteriores, mientras que los highs, indicados con las letras A-B-C, también son cada vez más altos.

Como analistas técnicos, una de nuestras tareas será identificar estas tendencias. Para ayudarnos a visualizarlas, podemos utilizar las líneas de tendencia. En Tradingview encontraremos la opción para dibujar líneas de tendencia en el menú de herramientas, situado en el lateral izquierdo de la pantalla. Con esta herramienta podemos trazar líneas que conecten los picos y los valles que ha formado la progresión del precio en el pasado.

Al hacer esto, obtendremos líneas diagonales de diferentes ángulos, que pueden ser ascendentes o descendentes según si la tendencia es alcista o bajista, y líneas horizontales en el caso de movimientos laterales.

Las líneas de tendencia representan áreas donde es más probable que el precio encuentre resistencia o soporte. Cuando el precio está por encima de una de estas líneas, la llamamos soporte, ya que actúa para evitar que el precio baje. Por otro lado, si el precio está por debajo de la línea, la llamamos resistencia, ya que dificulta que el precio siga subiendo.

Generalmente, cuando trazamos una línea de tendencia alcista, la dibujamos debajo de la acción del precio, conectando los valles que actúan como soporte. Por el contrario, cuando la tendencia es bajista, trazamos la línea por encima del precio, conectando los picos que actúan como resistencia.

A continuación, tenemos la misma gráfica anterior a la cual hemos añadido una línea de tendencia que une los valles.

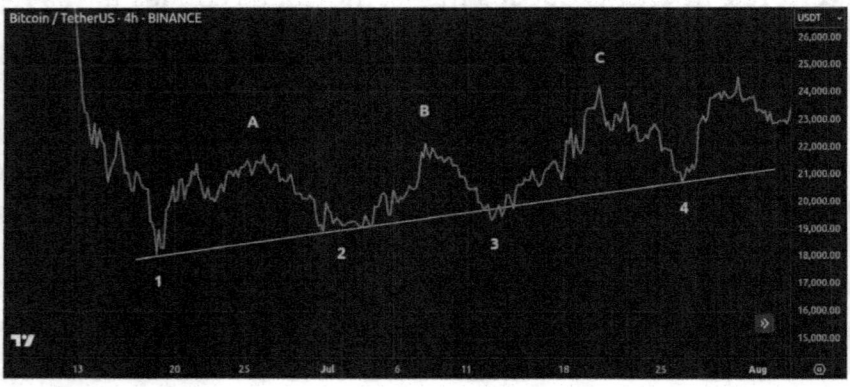

Imagen 23. Precio de Bitcoin durante junio y julio de 2023 (4H), con línea de tendencia. Fuente: Tradingview

La línea de soporte que hemos trazado conecta los valles. Cuando el precio se acerque a esta línea, querremos cambiar a un marco temporal más pequeño, como el de 15 minutos, y prestar atención a la posibilidad de que ocurra un rebote manteniendo la tendencia alcista, o bien, de que se rompa el soporte y el precio comience un cambio de tendencia.

Cambios de tendencia

Una vez que hemos identificado estas tendencias y trazado las líneas correspondientes para ayudarnos a identificar las áreas donde el precio puede reaccionar, debemos tener en cuenta que una tendencia no puede mantenerse indefinidamente. Por lo tanto, es importante estar atentos para identificar y anticipar los momentos en que podría ocurrir un cambio de tendencia, y así estar preparados para actuar.

En la imagen 24, se presenta un ejemplo de una tendencia a la baja y una forma frecuente en la que puede ocurrir un cambio de tendencia.

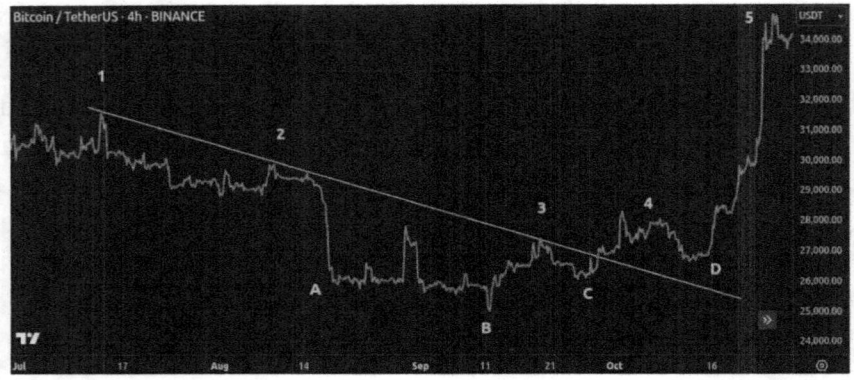

Imagen 24. Precio a la baja de Bitcoin entre julio y octubre de 2023 (4H) y cambio de tendencia. Fuente: Tradingview

En este ejemplo, podemos observar una tendencia a la baja donde los puntos 1, 2 y 3 marcan picos que son cada vez más bajos. Para facilitar la visualización, hemos trazado una línea de tendencia descendente que une estos picos.

Los puntos A y B indican los valles, los cuales también están disminuyendo en altura.

Es notable que después de formarse el pico 3, el precio no baja lo suficiente para formar un valle por debajo de B. En cambio, forma un valle por encima de B, indicado con la letra C, lo cual representa un valle más alto que el anterior, confirmando un cambio en la estructura de la tendencia.

Este cambio de estructura captaría nuestra atención y nos alertaría sobre una posible entrada en el mercado.

Luego, podemos ver que el precio rompe la línea de tendencia, que había resistido en los tres puntos anteriores, y forma un nuevo pico en el punto 4, por encima del anterior punto 3.

Posteriormente, forma el siguiente valle en el punto D, nuevamente por encima del anterior, para finalmente experimentar un aumento significativo hasta el punto 5.

Este ejemplo de cambio de tendencia habría funcionado bien para identificar un buen momento de entrada en el mercado, es decir, para comprar bitcoin. Dependiendo de nuestro estilo de trading, podríamos haber elegido diferentes momentos de entrada.

Para los traders con un estilo agresivo, podría haber sido adecuado comprar bitcoin en el momento en que el precio cruzó la línea de tendencia, o incluso un poco antes, cuando el precio formó un higher low (punto C). En mi opinión, esta última opción ofrece un punto de entrada superior, ya que proporciona un precio más bajo y, en caso de que la operación no sea exitosa, se puede cerrar con menores pérdidas.

Además, los traders que entran cuando se rompen líneas de soporte o resistencia están más expuestos a lo que llamamos fakeouts. Estos son momentos en los que se rompen líneas de soporte y resistencia, pero no representan una ruptura real ya que el precio vuelve a su nivel anterior en un breve período de tiempo.

Por otro lado, los traders con un estilo más conservador generalmente esperarían a que el precio rompa la línea de tendencia y buscarían entrar cuando el precio vuelva a la zona donde se produjo la ruptura, o en sus cercanías. Este sería el punto D. Este método generalmente ofrece una opción más segura.

Este comportamiento del precio en los alrededores de las líneas de soporte y resistencia es bastante común y se conoce como retest. Consiste en el cruce de una zona de resistencia, para luego volver a esa misma zona y rebotar, lo que confirma que la anterior zona de resistencia ahora actúa como soporte. Lo contrario ocurre cuando se rompe un soporte y luego se confirma como resistencia.

Podemos observar este fenómeno en cualquier tipo de gráfica y período temporal, y puede ocurrir en cualquier área de soporte o resistencia, ya sean líneas horizontales, diagonales, medias móviles, etc. El retest es un aspecto importante para muchos traders, ya que puede indicar momentos oportunos y proporcionar mayor seguridad al entrar o salir del mercado.

La decisión de optar por un enfoque más agresivo o conservador va a depender en gran medida de nuestra tolerancia al riesgo y ambición, y variará según las circunstancias de cada situación. Un estilo más agresivo puede ofrecer la posibilidad de obtener mayores beneficios debido a una entrada temprana en el mercado, pero conlleva un mayor riesgo de pérdidas al entrar en momentos de mayor incertidumbre. Por otro lado, un estilo más conservador puede implicar menos errores, pero también puede resultar en la pérdida de oportunidades con mayor frecuencia. En el caso específico de esperar un retest después de que el precio rompa la línea de tendencia, a menudo ocurre que el retest no se materializa y se pierde la oportunidad.

Ejemplo de rango y tendencias descendentes

El ejemplo de la Imagen 24 nos muestra una escena específica en el tiempo donde el precio de Bitcoin experimentaba una tendencia a la baja y luego cambió de dirección. En la Imagen 25 hemos ampliado la perspectiva para observar qué ocurrió en los meses anteriores. De esta manera, podemos ver que esta escena forma parte de un cuadro más amplio donde el precio se encuentra dentro de un rango, moviéndose lateralmente.

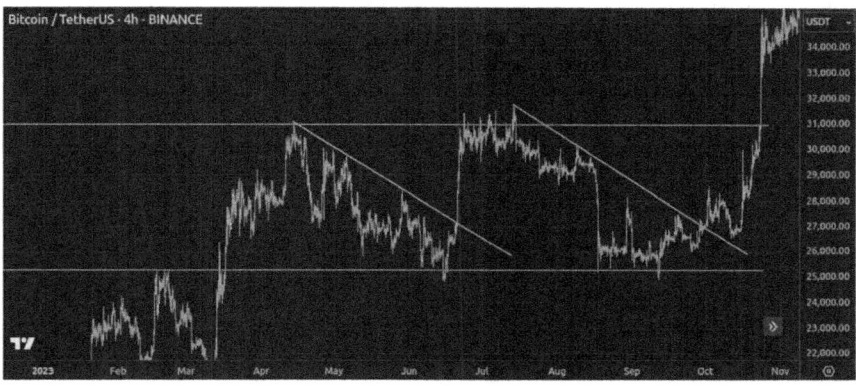

Imagen 25. Precio de Bitcoin entre enero y octubre de 2023 (4H). Fuente: Tradingview

Para destacar los elementos relevantes en este caso, se han dibujado dos líneas horizontales que marcan el rango principal, y dos líneas diagonales descendentes que indican las tendencias a la baja dentro de este rango.

Se puede observar cómo el precio es rechazado en dos ocasiones al acercarse a la parte superior del rango, creando las tendencias descendentes, y cómo estas tendencias cambian cuando el precio alcanza la parte inferior, resultando en cambios de dirección que rompen la línea de tendencia con un fuerte impulso ascendente.

Esta situación nos ofrece otra perspectiva y una forma diferente de identificar puntos de entrada en el mercado o de añadir confluencias que aumenten la seguridad en nuestras decisiones.

La aproximación del precio a una zona de soporte, como la base de este rango, puede indicar una oportunidad para comprar, siempre y cuando haya otros factores que inclinen las probabilidades a favor de nuestra hipótesis. De igual manera, la aproximación del precio a una zona de resistencia, como la parte superior del rango, puede alertarnos sobre una posible venta, como hemos visto que el precio rechazó en dos ocasiones, siendo la tercera vez cuando rompió la línea y abandonó la tendencia lateral.

Si ampliamos aún más la perspectiva y observamos lo que sucedió en los dos años anteriores, podemos entender de dónde provienen las líneas que conforman este rango y la importancia de estas líneas de soporte y resistencia a lo largo del tiempo.

Imagen 26. Precio de Bitcoin entre enero de 2021 y octubre de 2023 (1D). Fuente: Tradingview

En la Imagen 26 hemos cambiado la representación de la gráfica a velas diarias en lugar de cada cuatro horas, y hemos extendido las líneas horizontales hacia atrás en el tiempo.

Podemos observar que la línea inferior, que forma la base del rango alrededor de los 25.000 dólares, actúa como resistencia en dos ocasiones hasta que se rompe, después de lo cual proporciona soporte en otras dos ocasiones.

También podemos ver que la línea superior, ubicada entre los 30.000 y 31.000 dólares, ha sido proyectada desde hace mucho tiempo y representa un nivel importante en el precio de Bitcoin. Esta zona actuó como soporte durante el año 2021, impidiendo que el precio cayera por debajo de ese nivel. En mayo de 2022, el soporte se rompió y se realizó un retest un mes después, confirmando su cambio a resistencia. Desde entonces, ha actuado como resistencia hasta su ruptura a finales de octubre de 2023.

Patrones comunes

Cuando analizamos gráficos, podemos encontrar una variedad de líneas de tendencia posibles para trazar. Todas las líneas que conectan varios puntos donde el precio ha reaccionado, como máximos o mínimos, nos sirven como referencia para prever movimientos futuros del precio. Sin embargo, debemos seleccionar las más relevantes para cada situación y según nuestros intereses en ese momento.

Frecuentemente, estas líneas y la acción del precio forman patrones reconocidos que indican movimientos particulares del precio. Estos patrones pueden aparecer en cualquier marco temporal y son ampliamente utilizados por traders y analistas. Aunque no todos estos patrones formen parte de nuestra estrategia personal, es útil conocerlos debido a su amplia aceptación.

Generalmente, estos patrones se dividen en dos grupos: patrones de continuidad y patrones de cambio. Los patrones de continuidad sugieren que una tendencia existente continuará. Ejemplos de patrones de continuidad son las banderas, los banderines, las cuñas, los triángulos y la formación de taza y asa.

La Imagen 27a muestra un ejemplo de una bandera descendente en el gráfico de Bitcoin.

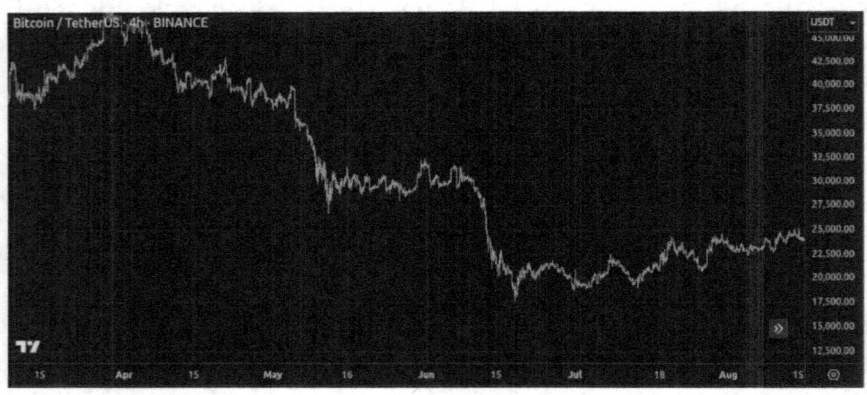

Imagen 27a. Precio de Bitcoin entre abril y julio de 2022 (4H). Fuente: Tradingview

Las banderas suelen caracterizarse por un movimiento inicial pronunciado, seguido de una pausa donde el precio se estabiliza en un rango pequeño, generalmente durante un período corto de tiempo, para luego continuar con otro movimiento pronunciado en la misma dirección inicial.

El movimiento inicial crea una o varias velas que forman el "mástil", mientras que la pausa donde el precio fluctúa en un rango pequeño da forma a la "bandera". Las banderas pueden tener una forma paralela o inclinada, tanto hacia arriba como hacia abajo.

La longitud del mástil suele indicar la extensión del movimiento esperado siguiente, ya que ambos suelen ser proporcionales. Por lo tanto, al extrapolar la longitud del mástil hasta el punto donde el precio rompe el rango de la bandera, podemos establecer un precio objetivo, que representa el mínimo esperado que se alcanzará.

La Imagen 27b muestra la misma gráfica, resaltando la forma de la bandera y la extrapolación de la línea del mástil hasta el momento de la ruptura del rango. Se puede observar que el precio alcanzó efectivamente el objetivo señalado.

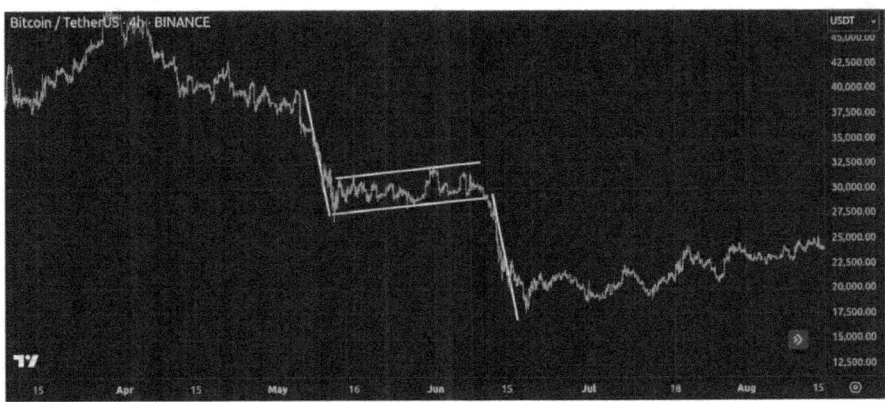

Imagen 27b. Precio de Bitcoin entre abril y julio de 2022 (4H) resaltado. Fuente: Tradingview

Los patrones de cambio sugieren un cambio en la tendencia actual del mercado. Algunos de los patrones comunes incluyen el patrón de cabeza y hombros, el doble fondo/techo y el triple fondo/techo.

La Imagen 28a proporciona un ejemplo del patrón de cabeza y hombros en la gráfica de bitcoin.

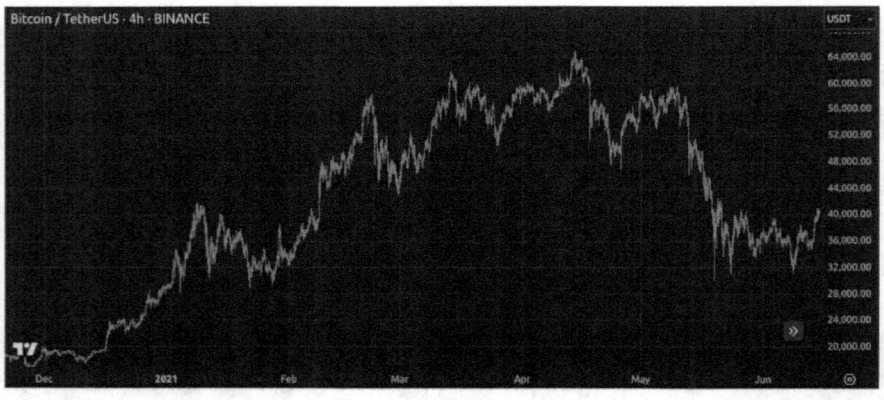

Imagen 28a. Precio de Bitcoin entre diciembre de 2020 y junio de 2021 (4H). Fuente: Tradingview

El patrón de cabeza y hombros se caracteriza porque el precio forma tres picos, siendo el del medio más alto que los otros dos. Así, el pico más pronunciado en el medio representa la cabeza, mientras que los dos picos menores reflejan los hombros. Cuando observamos este patrón, debemos estar atentos a un posible cambio de tendencia en el precio.

Al unir la base de los dos hombros con una línea, obtenemos un nivel que el precio debe superar para confirmar la formación del patrón. La distancia desde este nivel hasta el pico más alto suele considerarse como la extensión mínima que el precio podría alcanzar en la dirección opuesta una vez que se confirma el patrón.

Si encontramos esta formación cuando el precio está en una tendencia bajista, los picos se formarán hacia abajo, lo que se conoce como patrón de cabeza y hombros invertido.

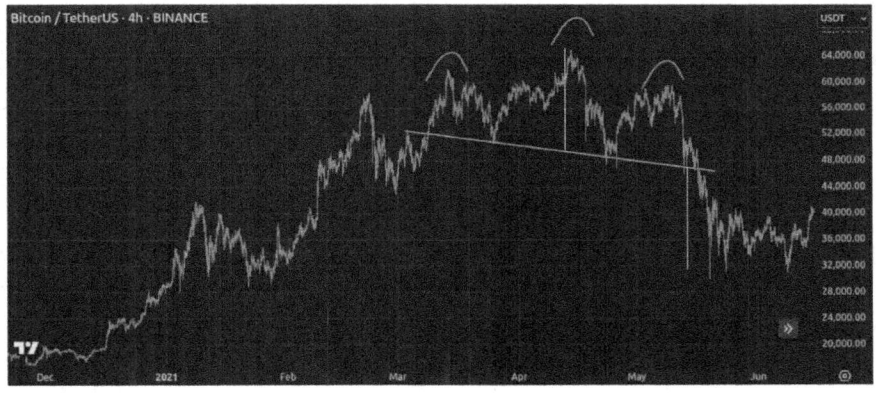

Imagen 28b. Precio de Bitcoin entre diciembre de 2020 y junio de 2021 (4H) resaltado. Fuente: Tradingview

En la Imagen 28b podemos ver la misma gráfica anterior con los dibujos añadidos que indican los tres picos, la línea que une los hombros y la extensión desde la base hasta el pico de la cabeza, que nos proporciona el precio objetivo cuando el precio rompe esta línea base.

Ya sean patrones de continuación o de cambio, es común encontrar estas formaciones al analizar gráficas, aunque también es frecuente que no se desarrollen exactamente como se describe en la teoría. Por lo tanto, es prudente considerarlos con cierto grado de precaución, recordando que el análisis técnico se basa en probabilidades.

Al trazar una línea que conecta varios puntos, ya sea para una línea de tendencia o un patrón, a menudo nos enfrentamos al dilema de dónde exactamente colocar la línea. En las gráficas de líneas, es más sencillo identificar el punto exacto de los picos y valles, pero al utilizar gráficas de velas debemos considerar también las mechas.

Existen diferentes opiniones sobre qué parte de la vela utilizar para trazar las líneas, y aunque comúnmente se utiliza el precio de cierre, esto puede variar según el criterio de cada analista y su enfoque personal del estudio técnico.

La cuestión de dónde trazar una línea o qué puntos tomar en consideración puede variar significativamente entre diferentes analistas. Con el tiempo, observaremos muchos de estos patrones comunes en nuestras gráficas, aunque es probable que no siempre tengan una forma idéntica a la descrita en la teoría. Esto hace que trazar líneas sea algo subjetivo, donde algunos analistas pueden ver una forma y otros pueden interpretarla de manera diferente.

Indicadores técnicos

Además de la acción del precio, tenemos a nuestra disposición un gran número de indicadores técnicos que nos brindan información adicional para ayudarnos en nuestro análisis. Generalmente, estos indicadores derivan de ecuaciones matemáticas basadas en los datos del precio u otros valores, como el volumen o el interés abierto del instrumento analizado.

Podemos encontrar diversos tipos de indicadores y todos ofrecen algún tipo de utilidad, pero es probable que utilicemos una selección de unos pocos para nuestro trabajo diario, dependiendo del estilo de trading que queramos adoptar y de nuestra estrategia de análisis.

Un ejemplo de indicador focalizado en la tendencia son las medias móviles. Estos indicadores nos dan la media del precio de un período determinado de tiempo, por ejemplo, de los últimos 10 días.

En la Imagen 29 se muestra el precio de bitcoin con velas de un día, con el indicador añadido de la media móvil exponencial de 200 días, representada como una línea continua superpuesta a la acción del precio.

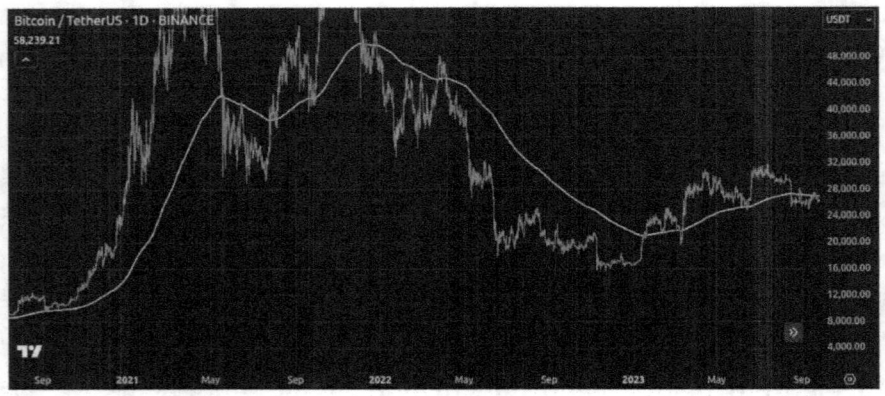

Imagen 29. Precio de Bitcoin (1D) con media móvil
exponencial de 200 días. Fuente: Tradingview

Este indicador nos facilita identificar la tendencia general del precio. La media de 200 días es útil para ver la tendencia a largo plazo, pero se pueden usar otros valores. Algunos valores comúnmente usados son 9, 21, 50, 100, 400 y 800. Cuanto menor sea el número, más rápidamente reaccionará a los cambios del precio.

Podemos encontrar diferentes maneras de calcular las medias. Por ejemplo, la media simple extrae el promedio del precio durante el tiempo elegido, mientras que la media móvil exponencial hace lo mismo pero pondera más los datos recientes, ya que incluye un multiplicador que aumenta exponencialmente con cada nuevo dato, dando así mayor sensibilidad a la acción de los precios recientes.

Además de ayudar visualmente a identificar tendencias en la progresión del precio, este indicador ofrece otras formas de uso. Un ejemplo es su función como zonas dinámicas de soporte y resistencia. Observamos que el precio suele reaccionar cuando se acerca a estas líneas, actuando como soporte cuando el precio está por encima, o como resistencia cuando el precio está por debajo. Otro método para su uso consiste en combinar dos o más medias móviles para generar señales de compra o venta cuando se cruzan determinadas líneas.

Aunque los indicadores técnicos como las medias móviles son sencillos y útiles, es importante recordar que ninguno supone una estrategia por sí solo. Están ahí para asistir nuestro análisis y añadir probabilidades a nuestra estrategia. Por lo tanto, no es recomendable basarse en la información de un solo indicador para tomar decisiones de trading. Es preferible usarlos para añadir confluencias de factores a nuestro análisis.

Cuantas más confluencias de factores encontremos en un trade, mayor probabilidad tendrá de que salga como estamos planeando. Por ejemplo, si hemos trazado una línea de tendencia que sugiere una zona de soporte y el precio está cayendo hacia esa zona, podemos esperar que el precio rebote al llegar y podamos abrir nuestra posición de compra. Si además esta línea de soporte coincide con el cruce de una media móvil, tendremos dos confluencias a favor de nuestra hipótesis de que el precio rebotará en ese área.

Si además el precio llega a esa zona y vemos formarse un patrón de cabeza y hombros en un horizonte temporal más pequeño, tendremos una tercera confluencia a nuestro favor. De esta manera, cuantos más factores respalden cada trade, mayor probabilidad tendremos de que salga con éxito.

Si además el precio llega a esa zona y vemos formarse un patrón de cabeza y hombros en un horizonte temporal más pequeño, podremos decir que hay una tercera confluencia a nuestro favor.

De esta manera, cuantos más factores tengamos respaldando cada *trade*, mayor probabilidad tendremos de que salga con éxito.

4.4 DIFERENTES OPCIONES PARA HACER TRADING

Al momento de iniciar el trading, nos encontraremos con diversas opciones como spot trading, futuros o perpetuos. Para los traders novatos, es recomendable enfocarse inicialmente en realizar operaciones dentro del mercado spot, que es la forma más sencilla y segura, dejando los mercados de futuros y otras opciones para cuando se adquiera más experiencia.

Mercado spot

La expresión "mercado spot" proviene de "on the spot", que significa en el acto. Así, el mercado spot es aquel donde las transacciones se realizan de manera inmediata. Cuando colocamos una orden de compra en el mercado spot, esta se registra directamente en el libro de órdenes y se empareja con órdenes de venta de otros participantes. Los precios en este mercado se actualizan en tiempo real y fluctúan rápidamente a medida que se ejecutan órdenes de compra y venta, lo que ocasiona cambios constantes en el precio.

Cuando compramos usando la opción limit order, estamos fijando un precio específico al cual queremos comprar, y puede llevar algún tiempo que la orden se ejecute completamente. En cambio, si usamos la opción market, nuestra orden se ejecutará de inmediato, aunque el precio dependerá de las órdenes de venta disponibles.

Al comprar con la opción market, es importante tener en cuenta el volumen. En este contexto, el volumen se refiere a la cantidad, en términos monetarios, de trading que se ha realizado con una criptomoneda en particular durante un período de tiempo específico. Por ejemplo, el día 27 de mayo de 2024, el volumen de trading de Bitcoin en las últimas 24 horas fue de 19 billones de dólares. Este volumen comprende el total negociado, distribuido entre todos los diferentes pares (BTC/USDT, BTC/USDC, BTC/EUR, etc.) y todos los mercados y exchanges existentes.

El volumen es crucial debido a su impacto significativo en el precio y la volatilidad de los activos. En los mercados tradicionales que han estado operativos durante mucho tiempo y se consideran maduros, un alto volumen de transacciones generalmente conduce a una menor volatilidad en los precios. Por el contrario, las criptomonedas, que suelen tener un volumen y un historial de precios más bajos, tienden a ser mucho más volátiles.

El volumen de mercado proporciona información clave sobre la actividad y la liquidez de un activo. Cuanto mayor sea el volumen de trading de un activo, mayor será su liquidez, lo que resulta en conexiones más fluidas y eficientes entre vendedores y compradores.

La liquidez se puede definir como la facilidad con la que un activo puede convertirse en efectivo sin afectar significativamente su valor de mercado. Los activos altamente líquidos pueden convertirse rápidamente en efectivo sin incurrir en grandes costos ni afectar significativamente su precio. Por el contrario, los activos menos líquidos pueden requerir más tiempo y esfuerzo para ser convertidos en efectivo, y pueden tener mayores costos asociados a la conversión. El dinero, siendo el activo más líquido, puede convertirse rápidamente en cualquier otro bien o servicio sin dificultad.

Para ilustrar el concepto de volumen y liquidez, consideremos un ejemplo práctico:

Imaginemos que queremos comprar un ordenador que cuesta 1000 euros. Si tenemos ese dinero disponible, podemos adquirir el ordenador de manera rápida y eficiente. Sin embargo, ahora supongamos que en lugar de tener los 1000 euros, poseemos una colección de figuras de porcelana. Para poder comprar el ordenador, primero tendríamos que vender las figuras y luego utilizar el dinero obtenido para la compra del ordenador.

Si no tenemos una urgencia inmediata para adquirir el ordenador, podemos tomarnos el tiempo necesario para encontrar compradores para nuestras figuras de porcelana. Sin embargo, si existe una necesidad urgente de comprar el ordenador, esto podría convertirse en un problema. En situaciones de urgencia, encontrar un comprador adecuado para la colección de figuras de porcelana podría llevar tiempo, y es posible que no logremos obtener el precio deseado debido a la presión de tiempo, lo que resultaría en una pérdida económica.

En este ejemplo, las figuras de porcelana representan un activo que probablemente pertenece a un mercado con un volumen bajo. Esto se debe a que hay menos participantes interesados en adquirir figuras de porcelana en comparación con otros mercados más comunes. Además, la liquidez de las figuras de porcelana es relativamente baja, ya que convertirlas rápidamente en efectivo (para comprar el ordenador) puede ser difícil y podría implicar mayores costos o una posible pérdida debido a la necesidad de vender rápidamente.

En contraste, activos financieros altamente líquidos, como el dinero en efectivo, pueden ser intercambiados fácilmente por otros bienes o servicios sin enfrentar estos desafíos de liquidez y tiempo.

Podemos extrapolar la idea de este ejemplo al universo cripto, donde los precios se mueven rápidamente y es deseable vender y comprar con la misma agilidad. A la hora de hacer trading, es aconsejable tener en cuenta el volumen de trading que tiene ese token y en qué mercados o exchanges se intercambia, ya que esto afectará a la fluidez con la que lo podemos intercambiar y a la volatilidad de los precios.

En la práctica, al hacer trading con Bitcoin en un exchange como Binance, es poco probable que el volumen sea tan determinante, dado que Bitcoin tiene un volumen elevado en relación con el resto de criptomonedas y Binance es el exchange con mayor volumen de trading en la actualidad. Sin embargo, sí debemos tenerlo en cuenta al operar en exchanges más pequeños y cuando utilicemos criptomonedas de menor capitalización.

Mercados de futuros

Los mercados de futuros son espacios donde compradores y vendedores negocian con materias primas y activos financieros. A diferencia del mercado spot, en los mercados de futuros se acuerda la entrega del bien en una fecha futura a un precio que se establece en el presente. Este acuerdo obliga al vendedor a entregar el bien según lo acordado en la fecha estipulada, mientras que el comprador tiene el derecho de recibir el bien y la obligación de pagar el precio acordado.

Inicialmente, estos mercados se centraban en la negociación de productos básicos y materias primas como petróleo, metales, productos agrícolas y ganaderos. Esta práctica permitía a los productores garantizar la venta de sus productos antes de su producción, mientras que las empresas y otros compradores aseguraban el suministro de sus materias primas necesarias. Al mismo tiempo, ambos lados se protegían de posibles fluctuaciones en los precios en el futuro, al haber fijado un precio conveniente para ambas partes previamente.

Con el tiempo, los contratos de futuros comenzaron a incluir también otros instrumentos financieros como acciones, divisas, bonos, índices bursátiles y más recientemente, criptomonedas. Este desarrollo ha ampliado el alcance de los mercados de futuros, permitiendo a los participantes gestionar riesgos y especular sobre movimientos futuros de precios en una amplia gama de activos financieros y commodities.

Es importante destacar que los mercados de futuros proporcionan una herramienta poderosa tanto para la cobertura (hedging) como para la especulación. Los participantes en estos mercados pueden asegurar precios futuros, protegerse contra riesgos adversos del mercado y también buscar oportunidades de beneficio mediante la anticipación de movimientos de precios.

En contraste con los mercados spot, donde las transacciones ocurren de inmediato con entrega y pago inmediatos, los mercados de futuros ofrecen flexibilidad en términos de tiempo y precio, lo que los convierte en un componente crucial del paisaje financiero global.

Mercados de derivados

Los mercados de derivados son una categoría amplia de instrumentos financieros que se basan en contratos cuyo valor está determinado por el precio de un activo subyacente, un grupo de activos o un índice de mercado. Estos instrumentos se utilizan principalmente para protegerse contra riesgos (cobertura) o para buscar ganancias especulativas.

Existen diversos tipos de derivados financieros, y su clasificación generalmente se basa en el grado de regulación que tienen. Por un lado, están los mercados organizados, que son estandarizados y regulados por una cámara de compensación. Un ejemplo de esto son los mercados de futuros, donde los contratos especifican claramente las condiciones de entrega, tamaño y otros términos estandarizados. Estos mercados proporcionan transparencia y reducen el riesgo de contraparte mediante la intervención de una entidad de compensación que actúa como intermediario.

Por otro lado, están los mercados no organizados o mercados over-the-counter (OTC), donde los contratos se negocian directamente entre las partes involucradas, sin estar estandarizados ni regulados por una cámara de compensación. El mercado de divisas (forex) es un ejemplo típico de mercado OTC, donde las transacciones de compra y venta de divisas se realizan directamente entre los participantes del mercado, como bancos, instituciones financieras y traders.

Una de las características distintivas de los derivados es la capacidad de amplificar la exposición a los activos mediante el apalancamiento. El apalancamiento, conocido como leverage en inglés, es un concepto que permite multiplicar nuestra capacidad de inversión en un mercado sin la necesidad de aumentar la cantidad de dinero inicialmente disponible.

Para ilustrar este concepto, supongamos que tenemos 100 euros y deseamos invertir en bitcoin. Si el precio de bitcoin aumenta un 10% al día siguiente y decidimos vender, obtendríamos 110 euros, lo que representa una ganancia del 10%. Si bien un 10% de ganancia en 24 horas puede parecer modesto para muchos inversores en criptomonedas, el uso del apalancamiento puede magnificar significativamente estas ganancias.

Por ejemplo, si aplicamos un apalancamiento de 10 veces (10x), nuestro capital de 100 euros actuaría como si fueran 1000 euros. En este escenario, la misma variación del 10% en el precio de bitcoin nos proporcionaría un beneficio de 100 euros en lugar de 10 euros.

Este mecanismo es posible porque el exchange o broker nos presta el dinero necesario para realizar la operación, utilizando nuestro capital como garantía inicial. La cantidad de dinero requerida para abrir una posición con apalancamiento se denomina margen. Por esta razón, las operaciones que utilizan apalancamiento también se conocen como operaciones con margen.

Por cada euro que depositamos como margen, podemos obtener un múltiplo mayor para invertir, dependiendo del nivel de apalancamiento. Por ejemplo, un apalancamiento de 20 (o 20x) significa que por cada euro de margen podemos operar con 20 euros. Esta relación se expresa comúnmente como 1:20 o x20. Es común encontrar apalancamientos incluso más altos, como 1:50 (o x50), en muchos exchanges.

Es importante tener en cuenta que aunque el apalancamiento

ofrece un potencial de ganancias significativas, también aumenta el riesgo de pérdidas. Debido a que las fluctuaciones en el precio pueden amplificar tanto las ganancias como las pérdidas, es crucial gestionar el riesgo de manera cuidadosa y estar preparado para posibles movimientos adversos en el mercado. El riesgo de liquidar la cuenta rápidamente es una posibilidad real cuando se opera con apalancamiento elevado.

Por lo tanto, mientras el apalancamiento puede ser una herramienta poderosa para los traders que buscan maximizar sus retornos, también requiere una comprensión completa de los riesgos involucrados y una estrategia sólida de gestión de riesgos para mitigar pérdidas potenciales.

Liquidaciones

Cuando operamos utilizando apalancamiento, es crucial entender el concepto de liquidación y estar consciente de los precios de liquidación. La liquidación ocurre cuando tenemos una posición abierta con apalancamiento y el mercado se mueve en una dirección contraria a nuestras expectativas, resultando en pérdidas que exceden el margen disponible para mantener la posición.

Existen dos tipos principales de liquidación:

1. Liquidación parcial: En este caso, el trader decide cerrar la posición voluntariamente cuando las pérdidas son significativas pero aún no han alcanzado el nivel máximo permitido por el margen. Esta acción permite al trader asumir una parte de las pérdidas.

2. Liquidación total: Ocurre cuando las pérdidas han alcanzado el nivel máximo permitido por el margen aportado inicialmente. En este punto, se pierde la totalidad del capital invertido en la posición.

Antes de llegar a la liquidación total, los exchanges pueden realizar una llamada de margen. Esta llamada de margen notifica al trader que es necesario añadir fondos adicionales para mantener la posición abierta y evitar la liquidación. El trader tiene la opción de agregar más fondos para cumplir con los requisitos de margen. Sin embargo, si no se añaden más fondos o si el precio del activo subyacente se mueve rápidamente en contra de la posición del trader, el exchange puede cerrar la posición automáticamente, lo que se conoce como liquidación forzosa.

Es fundamental tener en cuenta los precios de liquidación al operar con apalancamiento. Estos precios son los niveles críticos donde las posiciones se cierran automáticamente para evitar mayores pérdidas. Conocer y monitorear de cerca los precios de liquidación ayuda a los traders a gestionar el riesgo de manera efectiva y tomar decisiones informadas sobre sus operaciones con apalancamiento.

Short selling

Otra de las ventajas de hacer trading en futuros y derivados es la posibilidad de obtener beneficios cuando el precio está bajando. Este tipo de operación se conoce como short selling o simplemente short (a la inversa, cuando un trader compra con la esperanza de que el precio suba, se dice long). Consiste en que un trader presta un activo y lo vende inmediatamente, con la expectativa de que su precio caiga en el futuro para poder recomprarlo a un precio menor. De esta manera, el trader puede devolver lo prestado y obtener ganancias a partir de la diferencia de precios, menos algunas comisiones.

Además de ser una forma de ganar dinero de manera especulativa, el short selling se puede utilizar como una estrategia para cubrir posibles pérdidas. Estas operaciones se conocen como acciones de cobertura y pueden ayudar a mitigar las pérdidas de las posiciones abiertas cuando el mercado está cayendo.

4.5 GESTIÓN DE RIESGOS Y SELECCIÓN DE PARES

Antes de comenzar a hacer trading, es recomendable recordar que nadie puede predecir los movimientos del mercado. Por tanto, siempre que especulemos con los precios de diferentes activos financieros, estaremos expuestos a la posibilidad de perder nuestro dinero, incluso si hemos realizado un análisis técnico o fundamental correcto.

Teniendo esto en cuenta, una primera decisión a tomar será decidir cuánto capital estamos dispuestos a dedicar en cada operación. Es decir, cómo vamos a repartir nuestro dinero, ya que dedicar todo lo que tenemos en un solo trade no sería muy prudente. Lo que se hace generalmente es dedicar un pequeño porcentaje para cada transacción, de manera que si sale mal, solamente se pierde una pequeña fracción del total. Es común escuchar que se debería destinar entre un 1% y un 3% de nuestro capital total para cada operación. De esta manera, si dedicamos solo un 1% por trade, por ejemplo, tendríamos que equivocarnos 100 veces consecutivas para liquidar completamente nuestro capital, lo cual es muy poco probable. Y si se diera el caso, seguramente nos convendría reconsiderar nuestras habilidades como traders y optar por hacer hodl.

Este hecho nos sugiere que el camino para ser un trader rentable comienza con una buena gestión de riesgos. Una de las herramientas más usadas para controlar las pérdidas de cada trade consiste en los llamados stop loss, conocidos como paradas de pérdidas.

Stop Loss y Stop Limit

El uso de stop loss y stop limit nos sirve para gestionar potenciales pérdidas de una operación, permitiendo ejecutar órdenes cuando no estamos delante de la pantalla y no podemos hacerlo manualmente. Ambas consisten en disponer de una orden de compra o venta, pero condicionando su ejecución a que el precio alcance el nivel que determinemos.

En el caso del stop loss, existen dos modalidades:

- Sell Stop: Se utiliza para proteger las posiciones Long (aquellas en las que se compra un activo con la esperanza de que aumente de valor). Si el precio cae por debajo del nivel determinado, se ejecutará una orden de venta de tipo market.

- Buy Stop: Se utiliza para proteger las posiciones Short (aquellas en las que se vende un activo con la esperanza de que baje de valor). Si el precio sube por encima del nivel determinado, se ejecutará una orden de compra de tipo market.

El stop limit es una opción que hemos visto en el capítulo 2 y es muy similar al stop loss. En ella condicionamos que el precio alcance cierto nivel para colocar una orden limitada. Esto último es importante porque, como hemos visto, la orden limitada se ejecuta solamente al precio que hemos determinado, a diferencia del stop loss donde la orden es de tipo Market y, por tanto, se ejecutará al mejor precio disponible en ese momento.

Esta diferencia puede dar lugar a que un stop limit no se ejecute, especialmente en condiciones de alta volatilidad, donde hay movimientos grandes y bruscos en los precios, mientras que un stop loss siempre será ejecutado, aunque tal vez a un precio un poco diferente al deseado.

En cualquiera de los casos, el uso de una de estas opciones es altamente recomendable y es una de nuestras principales maneras de protegernos y limitar las pérdidas que podamos tener. La principal dificultad del uso de stop loss o stop limit aparece a la hora de elegir dónde colocarlos. Cuanto más cerca pongamos un stop loss de nuestro precio de entrada, más frecuentemente será activado. Por el contrario, si lo situamos muy lejos del precio de entrada, la orden se ejecutará en menos ocasiones, pero las pérdidas serán mayores.

Algunos puntos donde suelen colocarse este tipo de órdenes son por debajo o por encima de áreas de soporte o resistencia, medias móviles, líneas de tendencia, picos y valles recientes, cierres de velas anteriores, etc. La elección de dónde ubicar nuestra orden dependerá de la estrategia de trading que utilicemos, pero es importante saber que, debido a la previsibilidad de los lugares donde se colocan estas órdenes, suele haber manipulaciones en el mercado que mueven el precio hacia estas zonas, con el objetivo de ejecutarlas y confundir a los participantes.

Selección de criptomonedas

Otra decisión importante al hacer trading es seleccionar las criptomonedas que queremos utilizar. Bitcoin es una excelente opción, pero existen otras posibilidades.

Al examinar posibles monedas en las que invertir o con las que hacer trading, tenemos que considerar su capitalización de mercado.

Aunque se podría pensar que el precio de una criptomoneda determina su valor, en realidad es más adecuado usar la capitalización de mercado como referencia de su valor. El precio de una criptomoneda puede ser muy alto, pero el número de tokens en circulación podría ser limitado, mientras que otra criptomoneda podría tener un precio más bajo pero una cantidad mucho mayor de tokens. Esta combinación de precio y cantidad de monedas en circulación determina el valor total de un proyecto. En el mundo financiero tradicional, la capitalización de mercado representa el valor total en dólares de todas las acciones de una empresa, mientras que en las criptomonedas es el valor total en dólares de todas las monedas en circulación.

En general, la capitalización de mercado nos proporciona una idea de la estabilidad de un proyecto. Cuanto mayor sea la capitalización, menos vulnerable será a las condiciones del mercado, mientras que las capitalizaciones más pequeñas pueden ser más volátiles y experimentar ganancias o pérdidas más dramáticas. Esto no implica que una sea mejor o peor que la otra; simplemente es importante tenerlo en cuenta al evaluar nuestras expectativas de riesgo y potencial de crecimiento de los proyectos en los que operamos.

Para proporcionar contexto, vamos a ver una lista de los 10 mayores activos o empresas en el mundo ordenados por su capitalización de mercado en dólares, a fecha del 12 de julio de 2024 (Fuente de los datos: companiesmarketcap.com).

1. Oro: 16.20 Trillones
2. Apple Inc.: 3.55 Trillones

3. Microsoft Corporation: 3.37 Trillones

4. Nvidia: 3.21 Trillones

5. Alphabet Inc (Google): 2.30 Trillones

6. Amazon.com, Inc.: 2.02 Trillones

7. Saudi Aramco: 1.81 Trillones

8. Plata: 1.75 Trillones

9. Meta: 1.28 Trillones

10. Bitcoin: 1.14 Trillones

Aunque los valores cambian a diario, haciendo que este ranking varíe constantemente, la lista nos da una idea del tamaño de estos mercados. El oro es el mayor activo del mundo en términos de capitalización de mercado, seguido por Apple y Microsoft. Bitcoin se encuentra en la décima posición. Ethereum está en la posición 30, con 375 mil millones, por encima de empresas como Johnson & Johnson, Netflix, Toyota o Coca-Cola.

Además de Bitcoin y Ethereum, existen miles de criptomonedas, y es probable que no lleguemos a conocer ni la mitad de ellas. Sin embargo, es más factible que estemos familiarizados con varias decenas de las que tienen mayor capitalización de mercado o son más populares.

Un buen lugar para empezar a conocer las diferentes criptomonedas y seguir su evolución día a día son sitios web que ofrecen listados de monedas, como CoinGecko o CoinMarketCap. Estas páginas clasifican las criptomonedas según su capitalización de mercado y ofrecen diversas opciones para ordenar y navegar por estos listados.

Por ejemplo, podemos ver las primeras 100 monedas según la variación en el precio experimentada en la última hora, 24 horas o 7 días, ya sea de manera ascendente o descendente. Esto nos permite identificar rápidamente qué monedas han tenido mejor o peor rendimiento en esos períodos de tiempo.

También podemos explorar las monedas según sus categorías, consultar los mercados donde se negocian, verificar su volumen, entre otros datos. En cualquier caso, este tipo de listados son muy útiles para navegar entre cientos de monedas, seguir su evolución y realizar un análisis eficiente.

La imagen 30 muestra la interfaz de CoinGecko, donde podemos ver las criptomonedas con mayor capitalización de mercado, su variación reciente, volumen en las últimas 24 horas y una pequeña gráfica de su evolución en la última semana.

▲ #	Moneda		Precio	1 h	24 h	7 d	Volumen en 24 h	Cap. de mercado	Últimos 7 días
☆ 1	Bitcoin BTC	Coingecko	56.381,24 US$	▲ 1.8%	▼ 1.9%	▼ 7.0%	53.712.299.495 US$	1.111.809.467.511 US$	
☆ 2	Ethereum ETH	Coingecko	2991,32 US$	▲ 1.8%	▼ 3.9%	▼ 12.1%	32.002.638.282 US$	359.502.392.595 US$	
☆ 3	Tether USDT	Coingecko	1,00 US$	▲ 0.2%	▲ 0.2%	▲ 0.3%	87.143.082.895 US$	112.555.411.817 US$	
☆ 4	BNB BNB	Coingecko	494,81 US$	▲ 1.5%	▼ 6.8%	▼ 13.3%	2.398.747.602 US$	76.465.891.381 US$	
☆ 5	Solana SOL	Coingecko	133,49 US$	▲ 1.9%	▼ 0.5%	▼ 6.5%	5.352.571.645 US$	61.830.097.752 US$	
☆ 6	USDC USDC	Coingecko	0,9999 US$	▲ 0.1%	▼ 0.1%	▼ 0.0%	11.887.813.623 US$	33.235.815.362 US$	
☆ 7	Lido Staked Ether STETH	Coingecko	2987,44 US$	▲ 1.7%	▼ 4.0%	▼ 12.3%	187.014.011 US$	29.128.403.510 US$	

Imagen 30. Listado de criptomonedas. Fuente: Coingecko

Según vayan apareciendo diversas criptomonedas en nuestro radar, es posible que queramos realizar un análisis fundamental sobre aquellas que más nos interesan y comenzar a conocer qué tipo de proyectos realizan, en qué sectores tienen presencia, sus actualizaciones, noticias relacionadas, entre otros aspectos. De esta manera, podemos identificar los proyectos que creemos tienen mayor potencial para sobrevivir y crecer en el universo cripto.

Si deseamos profundizar aún más en el análisis de las diferentes criptomonedas y sus números, podemos adentrarnos en lo que se conoce como economía de tokens o tokenomics.

En el mundo de las finanzas tradicionales, los gobiernos y los bancos centrales son quienes deciden la política monetaria para influir en la economía y lograr objetivos como controlar la inflación o fomentar el crecimiento económico. Para ello gestionan aspectos clave como la cantidad de dinero en circulación, conocida como masa monetaria, y el coste de pedir dinero prestado, conocido como tipos de interés. Con las criptomonedas, este control está en manos de los individuos, quienes pueden crear sus propias microeconomías aplicando tecnologías blockchain.

En la economía de tokens de un proyecto se suelen considerar factores como la forma en que se crean los nuevos tokens del proyecto, su utilidad, su distribución, cómo se liberan a lo largo del tiempo y cómo se retiran de la circulación.

Por ello, las criptomonedas y los tokens construidos en blockchain tienen un calendario de emisión preestablecido, lo que significa que podemos predecir cuántas monedas se habrán creado en una fecha determinada.

Esto puede ayudar a responder preguntas como: ¿Cuántas monedas o tokens existen actualmente? ¿Cuántos existirán en el futuro y cuándo se crearán? ¿Quién posee las monedas? ¿Hay alguna información que sugiera que un gran número de monedas se han perdido, quemado, eliminado o que de alguna manera son inutilizables?

Esto es importante porque, si seguimos uno de los principios generalmente más aceptados en economía, la oferta y la demanda determinarán los precios de mercado, al menos a corto plazo. Por lo tanto, entender los factores que afectan la distribución de monedas y tokens es de vital importancia para inversores y especuladores.

Al acecho de un punto de entrada

Cuando tenemos la intención de invertir o hacer trading, dedicamos una parte considerable de nuestro tiempo a monitorear gráficas, especialmente cuando nuestro horizonte temporal es más corto, en busca de puntos de entrada al mercado. Esto marca una gran diferencia en nuestra relación riesgo-beneficio. Por esta razón, es una buena práctica planificar con antelación el momento en que queremos abrir nuestra posición y dónde pensamos cerrarla.

Los puntos de entrada y salida pueden dividirse en varios tramos. A veces, queremos abrir una posición con una pequeña parte de nuestro capital y añadir más fondos a medida que el precio evoluciona. De esta manera, no arriesgamos todos nuestros fondos de una vez, sino que los agregamos conforme el precio favorece nuestra operación.

De manera similar, podemos cerrar nuestra posición de manera gradual. Si identificamos varias zonas de resistencia donde el precio podría cambiar de dirección, podemos cerrar una parte de nuestra posición en cada una de estas zonas. Esto nos permite asegurar ganancias mientras dejamos una parte de la posición abierta por si el precio sigue aumentando.

Una alternativa a este método de manejar una posición es utilizar lo que se conoce como trailing stop loss. Supongamos que abrimos una posición long y el precio se mueve a nuestro favor, generando beneficios. En este caso, podríamos considerar ajustar nuestro stop loss a un punto donde, en caso de una reversión del precio, no se cierre la operación en pérdida, sino en beneficio. Es recomendable no mover el stop loss hasta que el precio esté por encima de un nivel crítico que invalidaría nuestra estrategia de trading. Este ajuste progresivo del stop loss se conoce como trailing stop loss y puede automatizarse. La diferencia radica en que no decidimos manualmente dónde colocar el stop loss en cada momento, sino que elegimos un porcentaje por debajo del precio de mercado, permitiendo que la orden se ajuste conforme el precio se mueva.

Una vez que tenemos una posición abierta, seguimos su progreso. Esto implica monitorear la evolución del mercado y estar atentos a los movimientos en las gráficas para poder reaccionar y realizar ajustes si es necesario.

Seguir una posición abierta puede ser más desafiante de lo esperado, ya que implica gestionar nuestras emociones de manera efectiva. Cuando observamos la acción del precio, pueden surgir diversas emociones. Si vemos que el precio se mueve en contra de nuestra operación, puede generar dudas sobre nuestra estrategia y la tentación de cerrar la posición. Esto es particularmente cierto cuando se trata de sumas grandes de dinero en juego.

Por otro lado, si el precio se mueve a nuestro favor, podemos experimentar euforia y ambición, lo cual puede llevarnos a dejar la posición abierta más tiempo del planeado, aumentando así los riesgos.

Dada la volatilidad del mercado cripto, una posición puede generar grandes ganancias en un momento y pérdidas significativas poco después. Estar frente a la pantalla durante estos movimientos puede intensificar nuestras emociones. Por lo tanto, es recomendable mantenerse fiel a nuestra estrategia planificada antes de tomar cualquier acción impulsiva, incluso considerar alejarse de la pantalla por un tiempo y ocuparse en otras actividades que no impliquen observar constantemente las gráficas.

Existe una expresión popular relacionada con estas emociones conocida como FOMO (Fear of Missing Out, miedo a perderse algo), que describe la ansiedad ante la posibilidad de perderse eventos significativos que están ocurriendo.

Puede suceder que cuando el mercado de las criptomonedas (o cualquier otro mercado) atraviesa un período prolongado de éxito, comience a surgir un sentimiento generalizado de optimismo y euforia. Este ambiente puede estar marcado por noticias sobre el precio del bitcoin alcanzando nuevos máximos históricos, la venta de obras de arte digitales por millones de dólares, celebridades respaldando proyectos cripto, y la emergencia de numerosos millonarios que exhiben lujosos bienes como Lamborghinis y yates adquiridos gracias a las criptomonedas. En estos momentos, es común que uno sienta la tentación de sumarse a estos eventos y pueda experimentar pequeños sentimientos de que está perdiendo una oportunidad.

Este sentimiento es precisamente lo que se conoce como FOMO.

El FOMO puede surgir rápidamente, como cuando se observa una formación rápida de velas verdes largas en un gráfico, o en situaciones que escalan gradualmente, como se describió anteriormente. En cualquier caso, es una emoción que puede volverse muy intensa, contagiosa y llevarnos a tomar decisiones perjudiciales. Aunque los traders principiantes puedan estar advertidos sobre este término, es probable que solo comprendan realmente su poder después de experimentarlo y cometer errores en múltiples ocasiones.

Un indicador interesante vinculado a estas emociones es el Fear and Greed Index, o índice de miedo y avaricia, que evalúa el sentimiento del mercado en una escala del 0 al 100. Un valor cercano a 0 indica un miedo extremo, alrededor de 50 es neutro y cerca de 100 refleja avaricia extrema.

El índice considera diversos factores como la volatilidad de los precios, el volumen de trading, la actividad en redes sociales relacionada con criptomonedas, búsquedas en Google y otros indicadores. Teóricamente, durante períodos de miedo, es más probable que los inversores vendan sus activos y los precios caigan, mientras que períodos de avaricia suelen impulsar compras que elevan los precios. El FOMO puede influir en la toma de decisiones durante estos períodos.

Estos momentos de miedo o avaricia en el mercado suelen ofrecer grandes oportunidades. Para aquellos capaces de manejar estas emociones, pueden marcar la diferencia entre ganar o perder fortunas.

CAPÍTULO 5 MÁS ALLÁ DE LA MÁQUINA DE HACER DINERO

5.1 INTERMEDIARIOS DELINCUENTES

Una de las mayores crisis de la historia fue la gran crisis financiera mundial de 2007-2009, considerada por el Fondo Monetario Internacional como la más grave desde la Gran Depresión de 1929. Una crisis que se originó en Estados Unidos pero que rápidamente se expandió a todo el planeta, dejando secuelas durante muchos años.

En 2011, el gobierno de los Estados Unidos creó una comisión de investigación con el objetivo de aclarar las causas de la crisis, examinando elementos como los fraudes y abusos del sector financiero, sus prácticas contables, la diligencia debida y los fallos en la supervisión de las instituciones financieras por parte de los órganos de gobierno.

La comisión de investigación llegó a la conclusión de 9 hechos, entre los cuales se destacó que la gran recesión podía haberse evitado.

A pesar de esto, la comisión mostró que hubo una permisividad generalizada y se tomaron pocas medidas significativas para sofocar las amenazas de manera oportuna. Los fallos generalizados en la regulación y supervisión financiera resultaron devastadores para la estabilidad de los mercados financieros. En general, hubo un fallo sistemático en la rendición de cuentas y la ética por parte de las instituciones financieras.

En palabras del mismo informe: "Más de 30 años de desregulación y dependencia de la autorregulación por parte de las instituciones financieras, defendidas por el ex presidente de la Reserva Federal, Alan Greenspan, y otros, apoyadas por sucesivas administraciones y Congresos, e impulsadas activamente por la poderosa industria financiera en todo momento, habían eliminado salvaguardas clave que podrían haber ayudado a evitar la catástrofe. Este enfoque había abierto brechas en la supervisión de áreas críticas con billones de dólares en riesgo, como el sistema bancario en la sombra y los mercados de derivados extrabursátiles. Además, el gobierno permitió que las empresas financieras eligieran a sus reguladores preferidos en lo que se convirtió en una carrera hacia el supervisor más débil".

Si resumimos esta situación en una sola frase, podemos decir que las instituciones financieras habían creado un contexto favorable donde podían maniobrar libremente, abusar de su poder y no rendir cuentas a nadie.

Durante los años posteriores a la crisis, los organismos de control han impuesto múltiples condenas a estas grandes instituciones por los delitos cometidos, en momentos previos y durante la crisis, y que tuvieron un papel responsable en el desarrollo de la crisis. Entre los delitos cometidos se encuentran manipulación de informes, mala asesoría, blanqueo de capitales, violación de sanciones y muchos otros.

La cuantía de las sanciones impuestas o los acuerdos judiciales varían ampliamente. Por ejemplo, los siguientes casos muestran los acuerdos de pagos de diferentes instituciones por delitos similares:

En 2010, para resolver los cargos de fraude civil que le acusaban de engañar a los compradores de inversiones relacionadas con hipotecas, Goldman Sachs & Co. acordó pagar 550 millones de dólares, la multa más grande jamás impuesta por la Comisión de Bolsa y Valores contra una firma de Wall Street hasta ese momento.

En 2013, JPMorgan llegó a un acuerdo de 13.000 millones de dólares con el Departamento de Justicia para resolver las acusaciones de que tergiversó la calidad de las hipotecas que vendió a los inversores.

En 2014, Citigroup acordó pagar 7.000 millones de dólares para resolver demandas civiles federales y estatales relacionadas con la venta de valores hipotecarios defectuosos.

También en 2014, Bank of America acordó pagar 16.650 millones de dólares en multas, el mayor acuerdo jamás alcanzado entre el gobierno de Estados Unidos y una empresa privada, por su papel en la crisis financiera.

Aunque estas cifras suenan enormes para cualquier individuo, no son muy significativas para estas instituciones. Para dar un contexto de lo que significan estas cifras, pongamos como ejemplo a Bank of America, que en el período de 2011 a 2023, el año que declaró los menores beneficios, éstos fueron de 93 mil millones de dólares, siendo el mayor año 2023, con 171 mil millones de dólares (según cifras consultadas en la plataforma Macrotrends). Estamos hablando de 16 mil millones de dólares, la mayor de las sanciones impuestas, para una entidad que recauda, según sus declaraciones públicas, entre 93 y 171 mil millones al año.

Ben Bernanke, extitular de la Reserva Federal de Estados Unidos, haciendo balance de su trabajo al frente del banco central más poderoso del mundo durante la crisis de 2008, en su libro "The Courage to Act. A Memoir of a Crisis and Its Aftermath", dice que a pesar de todo lo ocurrido, ningún directivo responsable fue condenado por esos crímenes, aunque algunos merecían haber acabado en la cárcel.

Lo más insólito es que los delitos cometidos por los bancos no se limitan a este período de crisis, sino que son una conducta continua y regular, y es que los bancos pagan cada año cantidades millonarias en multas por actos delictivos.

El informe especial publicado en 2021 por el grupo de defensa Better Markets, con sede en Washington, titulado "La ola de crimen en Wall Street 1998-2020" detalla cómo los principales bancos de los Estados Unidos han acumulado casi 200 mil millones de dólares en multas y sanciones por actividades ilegales en el transcurso de este período. La lista está encabezada por Bank of America, seguido por JPMorgan, Citigroup y Wells Fargo, Morgan Stanley y Goldman Sachs.

El informe concluye que el comportamiento de los bancos se está deteriorando porque descubre que su conducta desde la crisis financiera ha desencadenado más acciones legales importantes que su comportamiento antes de ella. Entre el año 2000 y la crisis financiera de 2008, los bancos se vieron afectados por 85 demandas judiciales importantes, detalla el informe. Durante la crisis, entre 2008 y 2012, hubo 110 casos importantes. Entre 2012 y 2021 hubo 204 acciones legales contra los bancos. Es decir, los crímenes cometidos por los principales bancos de Estados Unidos solo van a peor, creciendo cada vez más.

Los tipos de delitos financieros cometidos por los bancos incluyen lavado de dinero, soborno, abusos de tarjetas de crédito y cuentas corrientes, violaciones de ejecuciones hipotecarias y cobro de deudas. También se incluyen infracciones del deber fiduciario, transgresiones antimonopolio, manipulación del mercado, habilitación de esquemas ponzi y violaciones de la ley electoral.

El director general de Better Markets comentaría que se tratan de acciones legales importantes, y no es que los fiscales fueran multando cada pequeña infracción.

Además de ser una conducta regular que se repite cada año, es una práctica a nivel global. En el informe publicado por Finbold.com "Informe de multas bancarias 2020" expone cómo los bancos de todo el mundo acumularon 15.000 millones de dólares en multas en 2020. Estados Unidos lidera esta lista, representando un 73% del total, siguiendo la lista Australia, Países Bajos, Israel y Suecia.

La frase too big to fail (demasiado grande para fracasar) refleja el doble estándar aplicado por la justicia cuando los cargos criminales son llevados contra las grandes entidades financieras, quienes pueden evitar cargos simplemente pagando una pequeña multa.

Durante la crisis financiera se produjeron rescates de bancos de Wall Street y otras instituciones financieras consideradas "demasiado grandes para fracasar". Too big to fail se convirtió en una frase común durante la crisis financiera de 2008, que condujo a una reforma del sector financiero en Estados Unidos y en todo el mundo, para ayudar a estas instituciones para que no puedan quebrar.

Los bancos que, según la Reserva Federal de Estados Unidos (FED) considera demasiado importantes, y que su caída podría amenazar la estabilidad del sistema financiero incluyen:

- Bank of America Corp.
- The Bank of New York Mellon Corp.
- Citigroup Inc.
- The Goldman Sachs Group Inc.
- JPMorgan Chase & Co.
- Morgan Stanley
- State Street Corp.
- Wells Fargo & Co.

Si observamos con atención, esta lista coincide casi exactamente con los bancos condenados por sus acciones durante la crisis financiera, así como aquellos mencionados en el informe "La ola de crimen en Wall Street 1998-2020" publicado por el grupo de defensa Better Markets sobre las entidades más delictivas.

En otras palabras, las instituciones a las que el FED ha otorgado el estatus de imprescindibles para la estabilidad del sistema financiero son las mismas que más delitos cometen en todo el mundo.

Este sistema de impunidad permite que estas prácticas delictivas sean algo rutinario, dando libertad a los bancos a cometer todo tipo de delitos pagando una pequeña parte de sus beneficios a cambio, porque llevarlos a juicio y condenarlos supondría alterar el "equilibrio financiero".

Este "equilibrio financiero" es una de las cosas que bitcoin amenaza con destruir.

5.2 RESPUESTA A UN SISTEMA LIBRE DE INTERMEDIARIOS: SUPRESIÓN O CONTROL

Bitcoin tiene el potencial de desmantelar el sistema financiero actual y eliminar su red de intermediarios. Con las criptomonedas, no hay necesidad de un banco central. Las transferencias en la red de Bitcoin implican la falta de necesidad de intermediarios para administrar y distribuir moneda. Como hemos visto, con el uso de Bitcoin la infraestructura financiera está descentralizada y el poder de aumentar o disminuir la oferta monetaria no está en una sola autoridad ni en un grupo de ellas. Por tanto, el papel de los gobiernos en la gestión y regulación de la política económica y sus intermediarios se vuelve superfluo.

Bitcoin apareció en un momento de necesidad, proclamando la desconfianza y falta de fe en la manera en que las instituciones y los gobiernos manejaban las finanzas y el dinero de las personas trabajadoras.

Algunas de las palabras claves que trajo consigo Bitcoin fueron "descentralización" y "sin intermediarios", lo que haría saltar todas las alarmas entre los grupos de poder del gobierno y el mundo financiero tradicional. Por tanto, no es de extrañar que los medios de comunicación hayan rechazado o condenado abiertamente las criptomonedas, lo que ha dañado profundamente la opinión del público y su aceptación.

Este hecho no ha cambiado mucho con el paso del tiempo, y

la mayoría de los principales medios de comunicación siguen informando sobre proyectos de criptomonedas con cinismo y desconfianza. Esto es evidente por el hecho de que la gran mayoría de los artículos que hablan sobre las criptomonedas tienden a centrarse en actividades criminales, piratería informática, estafas y otras historias sensacionalistas, en lugar de educar y crear conciencia sobre el verdadero potencial de la tecnología.

Titulares como los siguientes son comunes en la prensa tradicional:

- "Las criptomonedas se utilizan cada vez más en el tráfico de personas y drogas" – Forbes.

- "Cómo Bitcoin está alimentando la crisis de opioides en Estados Unidos" – CNBC.

- "Cómo el gigante criptográfico Binance se convirtió en un centro para piratas informáticos, estafadores y narcotraficantes" – Reuters.

- "Las criptomonedas juegan un 'papel endémico' en el crimen organizado, dice la Policía Metropolitana" – Financial Times.

- "Los fans de Bitcoin son psicópatas a quienes no les importa nadie, desvela un informe" – The Sun.

Para ilustrar el intenso deseo de los medios de comunicación por difamar el mundo cripto y cómo se puede mostrar una "verdad" basada en información "real", obtenida de estudios realizados por entidades respetables, vamos a ver el caso de este último titular que afirma que "los fans de Bitcoin son psicópatas".

El estudio titulado "Personalidades oscuras y Bitcoin: la influencia de la tétrada oscura en la actitud de las criptomonedas y la intención de compra" se publicó en abril de 2022 en la Universidad de Tecnología de Queensland. Los autores del estudio son Brett Martin, profesor de marketing de QUT; el Dr. Di Wang, profesor titular de la Escuela de Publicidad y Marketing de QUT; Jun Yao, profesor titular de marketing de la Universidad Macquarie; Carolyn Strong, profesora de marketing y estrategia de la Universidad de Cardiff; y Polymeros Chrysochou, profesor de marketing de la Universidad de Aarhus.

El estudio realizó una encuesta a 566 personas sobre sus actitudes hacia las criptomonedas, para después clasificarlas en categorías de personalidad, concluyendo que aquellos que están a favor de las criptomonedas son narcisistas, psicópatas, maquiavélicos y sádicos. Las conclusiones del estudio fueron compartidas por primera vez por The U.S. Sun, y fueron ampliamente difundidas por otros grandes medios de comunicación, como el New York Post, con el titular que hemos visto.

Lo primero que hay que observar es que los autores del estudio son principalmente profesores en materias de marketing, especializados en la manipulación de contenidos y mensajes para una audiencia, en lugar de en la propia materia relevante en este caso, la psicología. Cuando se consultó la opinión sobre el estudio a una autoridad en este campo, la conclusión fue muy diferente. Según el profesor Martin Sellbom, del Departamento de Psicología de la Universidad de Otago, experto internacional en trastornos de la personalidad y evaluación de la personalidad, los resultados del estudio le parecieron esencialmente sin sentido.

Según su análisis, el estudio evaluó las personalidades de los participantes utilizando la prueba de personalidad Short Dark Triad (SD-3), que califica los rasgos de psicopatía, maquiavelismo y narcisismo con una puntuación máxima de cinco. Sin embargo, el estudio muestra que las puntuaciones de los participantes en psicopatía y narcisismo estaban por debajo de los niveles medios determinados por el grupo de evaluación psicométrica OpenPsychometrics. Los participantes puntuaron un 2% por debajo de la media para la psicopatía y un 16,7% por debajo de la media para el narcisismo. La única puntuación ligeramente elevada fue la del maquiavelismo, que fue un 3,6% más alta que la media.

Para proporcionar mayor claridad sobre cómo el estudio llegó a estas conclusiones, los autores del estudio ofrecieron algunas explicaciones en un artículo titulado "Impulsive psychopaths like crypto: research shows how 'dark' personality traits affect Bitcoin enthusiasm", publicado el 11 de abril de 2022 en el sitio web de The Conversation, una red de medios de comunicación sin fines de lucro.

En el artículo podemos leer la lógica con la que los autores relacionan sus ideas:

Según ellos, aquellas personas encuestadas que sienten desconfianza hacia los políticos y las agencias gubernamentales son maquiavélicas. Del mismo modo, aquellas personas interesadas en invertir en criptomonedas por miedo a perderse las recompensas de inversión que otros están experimentando son denominadas psicópatas. Y por último, aquellos que tienen fe en el futuro y confían en que sus vidas pueden mejorar son clasificados como narcisistas.

Es relevante destacar además que solo el 26% de los encuestados tenía criptomonedas. Del resto, casi tres cuartas partes de los participantes, aproximadamente el 64%, dijo que estaría interesado en invertir.

Con esta información podemos ver la lógica detrás de esta noticia. La fuente de información es una encuesta realizada a un pequeño grupo de personas que en su mayoría no tienen criptomonedas. Estas personas declararon estar interesadas en invertir en ellas, ya que otros están obteniendo ganancias por hacerlo, tienen la esperanza de que sus vidas puedan mejorar y obtener un futuro mejor, y además sienten una falta de confianza en los políticos y gobiernos.

Esta información es recogida y analizada por expertos en materias de marketing, quienes concluyen que las declaraciones anteriores son propias de maquiavélicos, psicópatas y narcisistas. Con esto, los grandes medios de comunicación lanzan al mundo el mensaje de que los aficionados de Bitcoin son psicópatas a quienes no les importa nadie.

Un titular más apropiado con la información del estudio podría haber sido:

"Aquellos interesados en Bitcoin son personas que no quieren dejar su suerte en manos de los políticos, ven un futuro más próspero y están abiertos a nuevas oportunidades".

Lamentablemente, nadie habló así sobre Bitcoin.

Esta actitud hostil impulsaría a muchas de las voces líderes de la industria a iniciar sus propias publicaciones digitales y canales de comunicación.

La aparición de sitios como CoinDesk, Cointelegraph, CryptoGlobe, The Block o Decrypt ha hecho posible proporcionar una alternativa a los medios tradicionales, ofreciendo espacios donde se puede discutir el verdadero potencial de las monedas digitales, libre de censura y distorsión.

Desafortunadamente, los grupos de poder no se han conformado con crear una mala imagen y aversión hacia las criptomonedas, sino que existe una persecución contra todo el sector.

Un aspecto importante en este asunto ha sido la falta de regulación de las criptomonedas. El sector ha estado suplicando orientación y regulación durante años, pero a pesar de las súplicas de la industria para obtenerla, los reguladores de la mayor economía mundial, y muchos otros estados, no solo han ignorado estas llamadas sino que también han perseguido a las empresas que ofrecen servicios de criptomonedas.

Coinbase es uno de los principales exchanges de criptomonedas en el mundo y un buen ejemplo entre las empresas del sector que han seguido las reglas y han luchado para hacer las cosas conforme a la ley. En Estados Unidos, la agencia responsable de regular y hacer cumplir las leyes de los valores, los mercados financieros y las bolsas de valores, opciones y otros mercados de valores electrónicos es la Comisión de Bolsa y Valores (conocida como la SEC).

Este organismo ha obstaculizado a Coinbase durante años con interminables peticiones para intentar registrar sus productos y poder así operar sin problemas en el mercado estadounidense. Coinbase ofrece en su página web detalles sobre sus intentos de colaborar con la SEC en temas como las formas de registrar los servicios relacionados con las criptomonedas, la regulación en el país y la cotización de valores por parte de los exchanges de criptomonedas.

Tras años de intentos infructuosos, la conclusión de Coinbase se expresa en su blog con la siguiente frase: "La SEC no permitirá que las empresas de criptomonedas entren y se registren, nosotros lo hemos intentado".

Desafortunadamente, la SEC no respondió a estas peticiones; en su lugar, llevó a cabo una serie de acciones legales, sanciones y amenazas contra las empresas de criptomonedas. En muchos casos, irónicamente, alegó que estas operaban con productos para los cuales no estaban registradas.

¿Cómo podrían las empresas registrarse si el mismo organismo que debía registrarlas no les respondía y, al mismo tiempo, las perseguía por no estar registradas?

Además de las acciones directas tomadas contra los participantes en el sector, otra de las prácticas llevadas a cabo fue impedir que las empresas de criptomonedas accedieran a los servicios bancarios convencionales, una maniobra que algunos críticos han denominado "operación Choke Point 2.0". Esto hace referencia a una estrategia similar que se implementó durante la época de Barack Obama para aislar del sistema financiero a ciertas industrias legales pero no deseadas para la administración.

Figuras como Brian Brooks, exjefe de la Oficina del Contralor de la Moneda (OCC), han argumentado que esto ha llevado al cierre de algunos bancos que atendían a clientes de criptomonedas. Brooks afirmó: "Está bastante claro que ha habido una decisión en todas las agencias reguladoras bancarias en esta administración de que las criptomonedas son intrínsecamente riesgosas y deben ser excluidas del sistema bancario".

Tras la publicación del Informe Económico del Presidente en marzo de 2023, elaborado por el Consejo de Asesores Económicos de la Casa Blanca, donde se refleja claramente la posición del gobierno en contra de las criptomonedas, se produjo una ola de cierres de bancos relacionados con criptomonedas.

Silvergate Bank, que atendía a empresas de criptomonedas, cerró ese mismo año, declarando que el cierre se debía en gran parte a los crecientes problemas derivados de las investigaciones sobre sus operaciones por parte del Departamento de Justicia de Estados Unidos, citando en particular los "desarrollos recientes de la industria y regulatorios".

Silicon Valley Bank (SVB), centrado en nuevas empresas de tecnología y que tenía clientes criptográficos, fue cerrado por el Departamento de Protección e Innovación Financiera de California. Signature Bank, que también tenía clientes criptográficos, fue cerrado por los reguladores bancarios del estado de Nueva York.

Barney Frank, ex miembro del comité de servicios financieros de la Cámara de Representantes de los Estados Unidos, afirmó que el cierre de Signature Bank tenía como objetivo "enviar un mensaje para alejar a la gente de las criptomonedas".

El 16 de marzo de 2023, Reuters informó que la Corporación Federal de Seguros de Depósitos (FDIC) estaba exigiendo a los posibles compradores de Signature Bank que pasaran por alto a los clientes de criptomonedas del banco, negándoles esencialmente más servicios bancarios. La FDIC lo negó, pero cuando se llevó a cabo la venta, los clientes de criptomonedas quedaron efectivamente excluidos de la adquisición.

El 20 de marzo de 2023, el periódico The Wall Street Journal publicó un artículo titulado "Barney Frank tenía razón sobre Signature Bank". El artículo comenzaba con estas líneas:

"Nunca pensamos que escribiríamos ese titular. Pero el domingo, la Corporación Federal de Seguros de Depósitos anunció que Flagstar Bank de New York Community Bancorp asumirá todos los depósitos en efectivo de Signature Bank, excepto los de las empresas de criptomonedas. Esto confirma las sospechas del Sr. Frank (y las nuestras) de que la incautación de Signature

Bank fue motivada por la hostilidad de los reguladores hacia las criptomonedas."

Esto confirmó que la FDIC no solo está persiguiendo activamente una agenda anti-cripto, sino que además estaba mintiendo al público al respecto.

Otros estados no han hecho un esfuerzo tan grande para ocultar su rechazo hacia las criptomonedas y directamente han prohibido su uso en sus territorios. China comenzó a introducir prohibiciones en diciembre de 2013, aumentándolas gradualmente hasta imponer una prohibición total en septiembre de 2021. Otros países donde se ha prohibido el uso de criptomonedas son Bangladesh, Afganistán, Nepal, Egipto, Marruecos y Argelia.

Por suerte, en la mayoría de los países del mundo, aunque exista una falta de regulación, el uso de las criptomonedas es legal, y a pesar del esfuerzo de muchos gobiernos para dar mala imagen y reprimir la industria criptográfica, Bitcoin y todo el sector no han hecho más que crecer. Este crecimiento fue generado exclusivamente por unos pocos, en un tiempo donde la mayoría de la población no sabía qué eran las criptomonedas. Afortunadamente, estamos en camino hacia una adopción generalizada.

5.3 HACIA UNA ADOPCIÓN GENERALIZADA

En el estudio publicado en octubre de 2021 por Chainalysis, titulado "La geografía de 2021 de Informe de criptomonedas. Análisis de las tendencias geográficas en Adopción y uso de criptomonedas", se realiza un extenso estudio sobre el uso y adopción de las criptomonedas en el mundo.

Según el estudio, la adopción global de criptomonedas se está disparando. Los datos muestran que los residentes de cada vez más países de todo el mundo están usando las criptomonedas.

Aunque en el mismo estudio realizado en 2023 se puede observar un declive en el índice de adopción durante los años 2021 y 2022, este declive corresponde al bear market que experimentó el mercado, un período que ocurre cíclicamente, en el cual los precios están a la baja y gran parte del público pierde el interés. Sin embargo, la tendencia continúa.

Bitcoin es considerada una tecnología disruptiva, aquellas innovaciones que traen consigo un cambio drástico en la forma en que los consumidores, las empresas y la industria operan. Cuando aparece una tecnología disruptiva, suele crearse un nuevo mercado, estableciendo su propia red de valores y frecuentemente se consideran valores atípicos de riesgo. Otras veces, cuando estas tecnologías ingresan a un mercado establecido, cambian radicalmente la forma en que se hacen las cosas, reemplazando completamente a sus predecesores porque ofrecen beneficios superiores. Esto hace que los elementos o procesos actuales se vuelvan obsoletos.

Bitcoin es una nueva tecnología, y toda novedad requiere de un tiempo para ser aceptada por la población. En el informe realizado por Blockware Intelligence en 2022 sobre la adopción de Bitcoin, se analizan las curvas de adopción de diferentes tecnologías como la radio, el automóvil, los teléfonos móviles, Internet, smartphones y redes sociales. Según ellos, todas las tecnologías disruptivas siguen un patrón similar de curva S exponencial, aunque las nuevas tecnologías basadas en redes continúan adoptándose mucho más rápido de lo que espera el mercado.

Según el informe, la adopción de Bitcoin podría ocurrir más rápidamente que la adopción de tecnologías disruptivas pasadas, y es probable que la adopción mundial alcance el 10% para 2030.

También es destacable mencionar el incentivo económico que ofrece la adopción de Bitcoin y las criptomonedas, ya que estas han venido ofreciendo inmensos beneficios para aquellos que han invertido dinero en el sector.

Referenciando las palabras de la plataforma de tecnología financiera Finder en un artículo publicado en Nasdaq.com en enero de 2022: "La pregunta no es si se producirá la adopción global de las criptomonedas, sino cuándo ocurrirá".

Un paso importante en este proceso fue la llegada de grandes instituciones financieras al sector de las criptomonedas en enero de 2024, con el lanzamiento de los fondos cotizados en bolsa de Bitcoin, o Bitcoin ETF. Cuando una institución de la talla de BlackRock decide invertir en Bitcoin, es de esperar que las cosas cambien.

La misma Comisión de Bolsa y Valores de Estados Unidos, que había hecho todo lo posible para que nadie pudiera ofrecer servicios relacionados con las criptomonedas hasta esa fecha, de pronto dio permiso a BlackRock y a otras instituciones para registrarse y operar legalmente con Bitcoin. Google, que hasta ese momento había mantenido una postura cautelosa hacia los anuncios relacionados con las criptomonedas, imponiendo previamente embargos a todo tipo de anuncios criptográficos citando preocupaciones sobre posibles fraudes y promociones engañosas, cambió su política de anuncios para permitir a estos nuevos importantes jugadores anunciar sus productos de Bitcoin.

Hasta la opinión pública del mismo Larry Fink, director de BlackRock Inc., acerca de Bitcoin cambió drásticamente. De una postura previa en la que afirmaba que "Bitcoin es un índice de blanqueo de dinero", pasó a hablar en televisión sobre el potencial de Bitcoin y cómo este puede revolucionar el mundo de las finanzas.

La oferta de Bitcoin a través de los fondos cotizados en bolsa supone un importante catalizador en la adopción de las criptomonedas, ya que pone estas directamente en manos de la gente. Una gente que no necesita saber nada sobre exchanges, cripto wallets, órdenes de compra y venta, verificación en dos pasos, ni mantenimiento de portafolios. Ahora son los bancos quienes compran Bitcoin por ti y lo guardan y gestionan en tu lugar.

Aunque esta manera de dar a conocer Bitcoin es beneficiosa para las criptomonedas, puesto que contribuye a su adopción, estamos pagando un alto precio: la oportunidad de educarnos, eliminar al intermediario del sistema y tomar responsabilidad en nuestros propios asuntos financieros. Una vez más estamos intercambiando nuestra libertad por la comodidad.

A pesar de ello, como hemos dicho, la entrada de instituciones financieras en el sector de las criptomonedas es un gran contribuyente a su adopción generalizada, ya que el incremento masivo de capital de mercado y el aumento del precio de bitcoin son la mejor publicidad posible, ya que cuando bitcoin es barato nadie lo quiere, pero cuando su precio alcanza máximos históricos, todo el mundo quiere comprar.

Aparte de la inevitable adopción de las criptomonedas, la siguiente gran pregunta es ¿qué será de ellas a través de los años?

Debido al gran abanico de posibilidades que ofrece la tecnología del blockchain descentralizado, parece lógico pensar que el uso de bitcoin y las criptomonedas en el futuro puede ramificarse de muy diversas maneras. Tanto esasí que muchas de las aplicaciones de bitcoin en el futuro podríanser cosas que, si las imaginamos ahora, podrían parecer una locura.

Elizabeth Stark, directora ejecutiva de Lightning Labs, compañía que ha traído grandes innovaciones al blockchain de bitcoin, explica que los mayores casos de uso de bitcoin serán cosas que parecen descabelladas en el presente, similar a cómo habría parecido el concepto de una enciclopedia que cualquier usuario puede editar, a aquellas personas que vivían antes de la aparición de Wikipedia.

Las aplicaciones de la red de bloques están surgiendo continuamente en un mayor número de sectores, y si la adopción continúa, es posible que, durante las próximas décadas, lleguemos a ver grandes cambios en muchos ámbitos de nuestra vida.

No obstante, aparte de las aplicaciones prácticas y los beneficios monetarios que pueda traer la tecnología en el futuro, es importante recordar que el privilegio fundamental que nos ofrece el blockchain está en la libertad y la posibilidad de tener un sistema donde el poder no reside en unos pocos, sino que pertenece a todos.

BIBLIOGRAFÍA

Amase, Winifred. "Household Electricity Costs to Mine 1 Bitcoin at Home, Around the World". *Coingecko*, 2023.

Better Markets. *Wall Street's Crime Spree 1998-2020: 395 Major Legal Actions and $195+ Billion in Fines and Settlements Over the Last 20 Years*. Better Markets Special Report, 2021.

Bernanke, Ben S. *The Courage to Act: A Memoir of a Crisis and Its Aftermath*. Norton, 2015.

Binance Academy. www.academy.binance.com

Blockware Intelligence. *Bitcoin User Adoption*. Blockware Solutions, 2022.

Bruno, Mark. "Goldman Sachs to pay $550M to settle civil fraud charges". *Investmentnews*, 2010.

Chainalysis. *The 2021 Geography of Cryptocurrency Report: Analysis of Geographic Trends in Cryptocurrency Adoption and Usage*. Chainalysis, 2021.

Coghlan, Jesse. "Meaningless and weak: Debunking the 'Bitcoiners are psychopaths' study". *Cointelegraph*, 2022.

Coinbase. www.coinbase.com

Council of Economic Advisers. *Economic Report of the President*. Government Publishing Office, 2023.

Corkery, Michael. "Citigroup, US reach $7-bn mortgage settlement". *Business Standard*, 2014.

Davidson, Jacob. "What Bank of America Did to Warrant a $17 Billion Penalty". *Money*, 2014.

Federal Reserve Bank of St. Louis. *M1SL*. FRED, 2024. https://fred.stlouisfed.org/series/M1SL

Financial Crisis Inquiry Commission. *The Final Report Of The National Commission On The Causes Of The Financial And Economic Crisis In The United States*. Official Government Edition, 2011.

Freifeld, Karen, Aruna Viswanatha, and David Henry. "JPMorgan to pay $13 billion to settle U.S. mortgage probes". *Reuters*, 2013.

Galbraith, John Kenneth. *A Short History of Financial Euphoria*. Whittle Direct Books, 1990.

In 2013 Dollars. https://www.in2013dollars.com

Keynes, John Maynard. *A Tract on Monetary Reform*. Macmillan, 1923.

Kiyosaki, Robert. *Rich Dad Poor Dad*. 1997.

Ligon, Cheyenne. "Signature Bank's Prospective Buyers Must Agree to Give Up All Crypto Business: Reuters". *Coindesk*, 2023.

Louise, Nickie. "40% of US dollars in existence were printed in the last 12 months: Is America repeating the same mistake of 1921 Weimar Germany?". *TechStartups*, 2021.

Macrotrends. www.macrotrends.net

Martin, Brett, Polymeros Chrysochou, Carolyn Strong, Di Wang, and Jun Yao. "Dark personalities and Bitcoin®: The influence of the Dark Tetrad on cryptocurrency attitude and buying intention". *Personality and Individual Differences*, Elsevier, 2022.

Martin, Brett, Di Wang, and Jun Yao. "Impulsive psychopaths like crypto". *The Conversation*, 2022.

Mulvihill, Geoff. "Barney Frank coauthored the Dodd-Frank 'too big to fail' law. Now he says his bank's failure was a message about 'dealing with crypto.'". *Fortune*, 2023.

Murphy, John J. *Technical Analysis of the Financial Markets: A Comprehensive Guide to Trading Methods and Applications.* Prentice Hall Press, 1999.

Nakamoto, Satoshi. *Bitcoin: A Peer-to-Peer Electronic Cash System.* 2008. bitcoin.org

Ontario Securities Commission. *OSC publishes investigative report of QuadrigaCX.* OSC, 2020.

The Editorial Board. "Barney Frank Was Right About Signature Bank. The FDIC all but confirms it closed the bank over crypto". *The Wall Street Journal*, 2023.

Trading Economics. www.tradingeconomics.com

TradingView. www.tradingview.com

Ugbah, Emeka. "Bitcoin Adoption Is The Start Of A Digital Revolution". *Bitcoin Magazine*, 2021.

Velasquez, Fran. "Brian Brooks: U.S. Government Using Crisis to Choke Off Crypto Access to Banks". *Coindesk*, 2023.

LISTA DE IMÁGENES

Imagen 1. M1. Fuente: FRED Economic Data

Imagen 2. Inflación G20. Fuente: Tradingeconomics

Imagen 3. Inflación mundial. Fuente: Macrotrends

Imagen 4. Inflación en América del Norte. Fuente: Macrotrends

Imagen 5. Inflación en la Unión Europea. Fuente: Macrotrends

Imagen 6. Inflación en Asia y el Pacífico. Fuente: Macrotrends

Imagen 7. Inflación en América Latina. Fuente: Macrotrends

Imagen 8. Gráfica del precio del oro. Fuente: World Gold Council

Imagen 9. Gráfica del precio del S&P 500. Fuente: Tradingview

Imagen 10. Gráfica del precio de las acciones de Amazon. Fuente: Tradingview

Imagen 11. Gráfica del precio de Bitcoin. Fuente: Tradingview

Imagen 12. Interfaz de Tradingview. Fuente: Tradingview

Imagen 13. Vela japonesa. Fuente: Creación del

autor

Imagen 14. Vela martillo. Fuente: Creación del autor

Imagen 15. Vela envolvente alcista. Fuente: Creación del autor

Imagen 16. Precio de Bitcoin durante mayo de 2024 (1D). Fuente: Tradingview

Imagen 17. Precio de Bitcoin durante mayo de 2024 (4H). Fuente: Tradingview

Imagen 18. Precio de Bitcoin durante el 20 de mayo de 2024 (15min). Fuente: Tradingview

Imagen 19. Precio de Bitcoin durante el 20 de mayo de 2024 (1D) con barras. Fuente: Tradingview

Imagen 20. Precio de Bitcoin durante el 20 de mayo de 2024 (1D) con líneas. Fuente: Tradingview

Imagen 21. Precio de Bitcoin durante el 20 de mayo de 2024 (1D) con velas Heiken Ashi. Fuente: Tradingview

Imagen 22. Precio de Bitcoin durante junio y julio de 2023 (4H). Fuente: Tradingview

Imagen 23. Precio de Bitcoin durante junio y julio de 2023 (4H), con línea de tendencia. Fuente: Tradingview

Imagen 24. Precio a la baja de Bitcoin entre julio y octubre de 2023 (4H) y cambio de tendencia. Fuente: Tradingview

Imagen 25. Precio de Bitcoin entre enero y octubre de 2023 (4H). Fuente: Tradingview

Imagen 26. Precio de Bitcoin entre enero de 2021 y octubre de 2023 (1D). Fuente: Tradingview

Imagen 27a. Precio de Bitcoin entre abril y julio de

2022 (4H). Fuente: Tradingview

Imagen 27b. Precio de Bitcoin entre abril y julio de 2022 (4H) resaltado. Fuente: Tradingview

Imagen 28a. Precio de Bitcoin entre diciembre de 2020 y junio de 2021 (4H). Fuente: Tradingview

Imagen 28b. Precio de Bitcoin entre diciembre de 2020 y junio de 2021 (4H) resaltado. Fuente: Tradingview

Imagen 29. Precio de Bitcoin (1D) con media móvil exponencial de 200 días. Fuente: Tradingview

Imagen 30. Listado de criptomonedas. Fuente: Coingecko

ACERCA DEL AUTOR

Jun Han realizó sus estudios empresariales en la Universidad Rey Juan Carlos I de Madrid en 2002.

Interesado en temas de educación y la responsabilidad individual en el desarrollo financiero personal, el descubrimiento de Bitcoin ha sido un gran motivador en estos ámbitos, impulsándolo a compartir su entusiasmo por las posibilidades de esta tecnología con otros.